TARIF
DES DROITS DE DOUANES
DUS
A L'ENTRÉE ET A LA SORTIE
DU ROYAUME,

Publié par M.r CARNAUD, ancien premier Commis de la Direction des Douanes d'Anvers.

PRIX 2 FR. 50 C., ET 3 FR., FRANC DE PORT, PAR LA POSTE.

A LILLE,

DE L'IMPRIMERIE DE L. DANEL, GRANDE PLACE.

MAI 1814.

Pour éviter toute contrefaçon, chaque exemplaire sera revêtu de la signature de l'Auteur.

Carnaud

TARIF

DES DROITS DUS A L'ENTRÉE ET A LA SORTIE DU ROYAUME.

DROITS D'ENTRÉE ET QUOTITÉ DE CES DROITS

NON COMPRIS LE DÉCIME ADDITIONNEL PAR FRANC.

NOTA. QUAND il n'est point énoncé que le droit est perceptible à la valeur, au nombre, à la mesure, ou au kilogramme, il est dû au quintal *décimal* ou *métrique*, composé de 100 kilogrammes.

Le droit est dû au *brut*, c'est-à-dire sans déduction de l'emballage, lorsque le mot *net* n'est point exprimé.

La colonne intitulée *droits actuels*, indique la quotité du droit existant au moment de l'impression de cet ouvrage, et le titre de la perception, ou de la prohibition, lorsqu'il est postérieur au tarif du 15 mars 1791. L'autre colonne laissée en blanc, et qui a pour titre *droits établis depuis l'impression*, est destinée à tenir ce tarif au courant, en y annotant, à la main, les changemens que la paix doit nécessairement apporter.

Plusieurs abréviations ayant été employées soit pour indiquer le titre des perceptions, soit pour faire connoître les prohibitions, en voici l'explication :

B. signifie Le droit de balance du commerce de 51c du quintal décimal ou de 15c par 100f de valeur, au choix du redevable, établi par la loi du 24 nivose an 5, sur les marchandises que le tarif du 15 mars 1791 avoit affranchies de tous droits.
C. ——— Circulaire de l'Administration ou du Directeur général des Douanes.
D. ——— Décret ou arrêté du Gouvernement.
L. ——— Loi.
D. M. ——— Décision ministérielle.
O. R. ——— Ordre royal.
Lett. ——— Lettre de l'Administration ou du Directeur général des Douanes.
P. ——— Prohibé.
V. ——— Voyez.

Les objets omis au tarif des droits d'entrée doivent; savoir :
Ceux qui ont reçu quelque main-d'œuvre. . à la valeur. . . . 10 p. % } Loi du 22 août 1791,
Ceux non ouvrés. . . . . ——— . . . 5 p. % } titre 1.er, article 5.
Les drogueries. . . . . ——— . . . 20 p. % L. 30 avril 1806, art. 2.e

DÉSIGNATION DES MARCHANDISES.	TITRES DE PERCEPTIONS. DROITS ACTUELS.	F.	C.	Droits établis depuis l'impression.
A.				
Abel-mosc ; V. Ambrette.				
Ablette (écailles d') ; V. Ecailles.				
Absynthe (herbe).	D. 8 février 1810.	1	02	
Absynthe (extrait d') comme liqueur.	Lett. 5 th. an 12.			

DÉSIGNATION DES MARCHANDISES.	TITRES DE PERCEPTIONS. DROITS ACTUELS.	F.	C.	Droits établis depuis l'impression.
Acacia, drogue.	D. 8 février 1810.	24	48	
Acaja, ou prunes de Montbain.	Idem.	4	08	
Acajou (bois d'); V. Bois d'acajou.				
Acajou (gomme d'); V. Gomme.				
—— (noix d').	Idem.	6	12	
Acétite de plomb; V. Sel de Saturne.				
Acide muriatique; V. Esprit de sel.				
—— nitrique; V. Esprit de nitre.				
—— sulfurique et acide vitriolique; V. aigre, esprit, ou huile de vitriol.				
Acier (fil d'); V. Fers.				
—— (fil d') roulé sur bobines; V. Cordes métalliques.				
—— en feuilles ou en planches. *à la valeur.*	L. 1.er août 1792.	10 p. %		
—— autrement ouvré; V. Ouvrages.				
—— non ouvré et acier fondu.	L. 30 avril 1806.	9	″	
—— en vieilles limes. *le même droit.*	Lett. 1.er juin 1808.	9	″	
Acorus, vrai ou faux.	D. 8 février 1810.	6	12	
Æs-ustum ou Cuivre brûlé.	Idem.	6	12	
Aëtite; V. Aigle.				
Agaric, autre que celui ci-après.	Idem.	16	32	
—— en trochisque.	Idem.	30	60	
Agathe; V. Pierres fines.				
Agneaux; à Bestiaux.				
Agnus Castus (graine d').	Idem.	8	16	
Agraffes de fer, comme omis au tarif. *à la valeur.*	Lett. 13 brum. an 6.	10 p. %		
Agrès ou apparaux de navires. *à la valeur.*		10 p. %		
—— de prises.	Lett. 24 août 1809.	B.		
Ces objets, ainsi que les munitions de guerre provenant d'un navire pris sur l'ennemi, ne jouissent de la franchise que lorsqu'ils font partie de son armement et qu'ils sont vendus avec le navire pour servir à le réarmer. Dans le cas contraire, ils rentrent dans la classe des marchandises importées pour le commerce ordinaire et doivent, comme elles, être assujettis aux droits du tarif.				
Aigle (pierre d').		2	04	
Aigre, Esprit ou huile de vitriol, ou Acide vitriolique.	D. 8 février 1810.	40	80	
Aiguilles, à Mercerie.				
Ail.		0	31	
Aimant (pierre d').		2	04	
Airain; V. Bronze.				
Alana; Craie et Tripoli de toutes sortes.		1	02	
Albâtre.		B.		
Alènes; à Quincaillerie.				
Alizari; V. Garance sèche.				
Alkali minéral; V. Soudes.				
Alkecange, bayes et feuilles.	Idem.	4	08	
Alkerme ou écarlate (*Kermès*).	Idem.	2	04	
[illegible]ère (graine d').	Idem.	2	04	
Allumettes.		1	22	
Aloès. *au net.*	Idem.	200	″	
Alpargattes, ou Souliers de corde. *les 12 paires.*		1	50	
Alpiste ou Millet.		1	02	
Alquifoux.	Idem.	2	04	
Alun (*Sulfate d'alumine*) excepté celui ci-après.	D. 11 juillet 1810.	10	″	
Alun brûlé ou calciné.	D. 8 février 1810.	61	20	
Amadou.		6	12	
Amandes venant de Corse.	D. 24 avril 1811.	B.		
Les objets venant de Corse, qui sont dispensés du paiement des droits, par le décret du 24 avril 1811, doivent en être expédiés avec des certificats des autorités				

DÉSIGNATION DES MARCHANDISES.	TITRES DE PERCEPTIONS. DROITS ACTUELS.	F.	C.	Droits établis depuis l'impression.
locales, attestant l'origine, visés par les Préfets et Sous-Préfets, et accompagnés d'expéditions délivrées par les préposés des douanes, chargés de la perception du droit de navigation dans les ports de cette Isle.				
Amandes en coques.	L. 30 avril 1806.	10	"	
——— cassées. *le même droit.*	C. 22 vent. an 13.	10	"	
Ambre gris et liquide. *le kil. net.*	D. 8 février 1810.	61	20	
——— jaune ou carabé.	Idem.	36	72	
——— jaune travaillé, à mercerie.				
Ambrette ou abel-mosc.		5	10	
Amiante.		0	51	
Amidon.		10	20	
Ammonium racemosum ou verum.	Idem.	30	60	
Ammoniac; V. Sel.				
Ammy.	Idem.	8	16	
Amurca ou marc d'olive.		B.		
Anacardes.	Idem.	12	24	
Anatrum ou natrum (*carbonnate de soude*).		B.		
Anchois.		18	36	
Ancres de fer.		3	06	
Anes ou ânesses. *la pièce.*		0	25	
Angélique (graine, racine et côte d').	D. 8 février 1810.	16	32	
Anguilles marinées; comme poisson de mer salé.	C. 13 octob. 1807.			
Anis étoilé, Badiane ou anis de la Chine. *au net.*	D. 8 février 1810.	150	"	
—— vert (graine ou semence d').	Idem.	36	"	
Anisette; V. liqueur.				
Anneaux d'or ou d'argent; V. Bijouterie.				
——— de cuivre, étain et fer; V. mercerie commune.				
Antuse ou Antalum, coquillage.		3	06	
Antimoine crud.	Idem.	6	12	
——— preparé.	Idem.	16	32	
Antolphe de Girofle.	Idem.	61	20	
Antore ou Antora.	Idem.	4	08	
Apocin (graine d').	Idem.	1	02	
Apparaux de navire; V. Agrès.				
Appios ou fausse Angélique.	Idem.	10	20	
Arbres en plants.		B.		
Arcanson ou Brai sec; V. Brai sec.				
Arco ou Potin gris.		9	18	
Ardoises ordinaires. *le mille en nombre.*	L. 30 avril 1806.	7	50	
——— en taille. *le cent en nombre.*	Idem.	30	"	
Aréca ou Arèques.	D. 8 février 1810.	10	20	
Argent en masse, en lingots, en espèces monnoyées et argenterie cassée.		B.		
——— fin en trait, en lames, en feuilles, battu et filé. *le kilog. net.*		24	48	
Argenterie de toutes sortes, sauf les exceptions ci-après. *le kilog. net.*		24	48	
Toute espèce d'ouvrages d'or et d'argent doit, en outre, un droit de garantie de 20 fr. par hectogramme d'or, et d'un franc par hectogramme d'argent; ils doivent être expédiés sous plomb et par acquit-à-caution au bureau de garantie le plus voisin. [*Loi du 19 brumaire an 6.*]				
——— cassée; V. Argent en masses, etc.				
——— vieille, quelle qu'en soit l'origine.	L. 1.er août 1792.	B.		
Les ouvrages d'or et d'argent vieux, sont aussi assujettis au droit de garantie, à moins qu'on ne consente à les briser. (*D. M. 12 prairial an 7.*)				
——— neuve, au poinçon de France, revenant de l'étranger.	Idem.	B.		

DÉSIGNATION DES MARCHANDISES.	TITRES DE PERCEPTIONS.			
	DROITS ACTUELS.			Droits établis depuis l'impression.
		F.	C.	
Argent faux ou cuivre argenté.		102	″	
——— en lames, en feuilles, trait ou battu.		102	″	
——— filé sur fil ou filé faux.		163	20	
——— filé sur soie.		P.		
——— vif ou mercure.	D. 8 février 1810.	120	″	
Argentine (graine).	Idem.	2	04	
Argile ou terre glaise.		B.		
Aristoloches.	Idem.	6	12	
Armes blanches.	L. 8 floréal an 11.	200	″	
——— à feu.	Idem.	73	44	
Les armes blanches et à feu ne peuvent être admises qu'à charge d'en assurer la destination pour l'intérieur, par un acquit-à-caution qui sera visé par la municipalité du lieu où réside la personne chez laquelle elles auront été déchargées. Loi du 22 août 1792, art. 2, dont les dispositions restent conservées indéfiniment. (*C. 14 brumaire an* 11.)				
Armes à feu des fabriques du royaume d'Italie.	Traité 20 juin 1808.	36	72	
Arrack ; V. Rack.				
Arsenic.	D. 8 février 1810.	15	″	
Asclepias ou Contrayerva blanc.	Idem.	16	32	
Aspalatum ; V. Bois d'Aloës.				
——— ou Bitume de Judé.	Idem.	20	40	
Assa-fœtida ou Stercus diaboli.	Idem.	50	″	
Avelanède ou Valanède.		B.		
Avelines ou Noisettes ; V. Fruits.				
Avirons de bateaux. *le cent en nombre.*		1	″	
Aulne (écorce d').		B.		
Aulnée ou Enula-campana (racine d').	Idem.	1	02	
Avoine (gruau ou farine d').		3	06	
Autour.		20	40	
Autruche (poil, ploc et duvet d').		B.		
Azarune.	Idem.	2	04	
Azur de roche fin, ou Lapis lazuli. *aunet.*	Idem.	244	80	
——— en poudre ou en pierre, ou Smalt.	Idem.	40	″	
B.				
Badiane ; V. Anis étoilé.				
Badille ; V. Vanille.				
Baies de laurier.	Idem.	3	06	
Balais de bouleau et autres communs. *à la valeur.*		5 p. %		
——— de millet. *le même droit.*	L. 1.er août 1792.			
Balances, même du duché de Berg.	L. 10 brum. an 5. et Lett. 21 fr. an 12.	P.		
Balaustes fines et communes.	D. 8 février 1810.	10	20	
Baleine coupée et apprêtée.		61	20	
——— en fanons.		30	60	
Balles de fusil, à Munitions.				
——— de paume.		12	24	
Bambous. *à la valeur.*		12 p. %		
Bandes de roues, comme fer en verges.	L. 1.er août 1792.			
Bandoulières ou Baudriers.	L. 10 brum. an 5.	P.		
Bangue.	D. 8 février 1810.	12	24	
Barbotine ; V. Semen Contra.				
Barbues et Barbançons, comme Poterie de terre.	L. 1.er août 1792.			
Bardane (racine de).	D. 8 février 1810.	1	02	
Bas de fil, de laine, de coton, de soie ou d'autres matières ; comme bonneterie.	L. 10 brum. an 5.	P.		

DÉSIGNATION DES MARCHANDISES.	TITRES DE PERCEPTIONS. DROITS ACTUELS.		Droits établis depuis l'impression.
		F. C.	
Basins de toutes espèces.	L. 10 brum. an 5.	P.	
Bateaux, barques, canots et autres bâtimens de mer, hors d'état de servir.		B.	
—— du Rhin, neufs. *à la valeur.*		10 p. %	
Bâtimens de mer en état de servir. *à la valeur.*		2 ½ p. %	
Batistes ; V. Linons.			
Bâts, selles grossières. *la pièce.*		0 50	
Battefeux ; à Mercerie.			
Battin non ouvré.		B.	
—— ouvré, comme cordages de jonc et de tilleul.	Lett. 6 févr. 1806.		
Baume du Canada. *le kilog. net.*	D. 8 février 1810.	2 04	
—— de Copahu. *le kilog. net.*	Idem.	3 "	
—— du Pérou. *le kilog. net.*	Idem.	12 "	
—— de Riga ; comme droguerie omise. *à la valeur.*	Lett. 20 juin 1806.	20 p. %	
—— de Tolu et de la Mecque. *le kilog. net.*	D. 8 février 1810.	5 10	
Bedelium.	Idem.	24 48	
Béliers ; à Bestiaux.			
Ben (noix de).	Idem.	24 48	
Benjoin.	Idem.	120 "	
Besoard ou Pierre de fiel. *au net.*	Idem.	244 80	
Bestiaux, consistant en agneaux, béliers, bœufs, boucs, bouvillons, brebis, cabris, chevreaux, chèvres, cochons, gemisses, moutons, taureaux, vaches et veaux.	L. 24 nivose an 5.	*néant.*	
Bétel (feuilles de).	D. 8 février 1810.	40 80	
Beurre frais.		B.	
—— salé et fondu.	L. 19 mai 1793.	B.	
—— de cacao ; V. huile.			
—— de nitre et de salpêtre.	D. 8 février 1810.	12 24	
—— de pierre ; V. Kamine mâle.			
—— de Saturne.	Idem.	10 20	
Bigarades ; V. Fruits.			
Bierre. *le muid de Paris.*	L. 30 avril 1806.	15 "	
Bijouteries de toutes sortes. *à la valeur.*		12 p. %	
Bimbloterie.	Idem.	80 "	
Biscuit de mer.		B.	
Bismuth ou Etain de glace.		2 04	
Bisnague ou Visnague (taille de).		12 24	
Bisquains ; V. Howes.			
Bistorte.	D. 8 février 1810.	3 06	
Bistre.	Idem.	3 06	
Bitume de Judée ; V. Asphaltum.			
Bitumes autres que ceux dénommés au présent tarif.		2 04	
Blanc de baleine.	Idem.	61 20	
—— de plomb (*Carbonate blanc de plomb*).	D. 11 juillet 1810.	20 "	
—— à l'usage des femmes.		48 96	
Bleu minéral, dit de Montagne, dont le cuivre fait la base, comme drogueries omises. *à la valeur.*	Lett. 23 juill. 1807.	20 p. %	
—— de Prusse (*Prussiate de potasse*).	D. 8 février 1810.	122 40	
Bois à bâtir et à brûler.		B.	
—— de buis.		2 04	
—— de construction navale et civile.		B.	
—— d'éclisses pour tamis, seaux, cribles, etc. *à la valeur.*		5 p. %	
—— feuillards, pour cercles ou lattes. *le mille en nombre.*		" 25	
—— merrain.		B.	
—— de miroirs non enrichis ; à Mercerie.			
—— ouvrés de toutes sortes. *à la valeur,*		15 p. %	
—— en planches et madriers.	L. 1.er août 1792.	B.	

DÉSIGNATION DES MARCHANDISES.	TITRES DE PERCEPTIONS. DROITS ACTUELS.	F.	C.	Droits établis depuis l'impression.
Bois à tan.		B.		
—— d'acajou.	D. 5 août 1810.	50	″	
—— d'amaranthe, comme bois de marquetterie.	Lett. 24 mai 1810.			
—— de corail, comme bois de marquetterie.	Idem 20 juin 1806.			
—— de Gayac.	D. 12 sept. 1810.	30	″	
—— jaune, comme bois d'acajou.	D. M. 13 oct. 1810.			
—— de fustet, comme bois de teinture. Cette assimilation ne s'applique point aux branches et feuilles de fustet provenant des contrées méridionales de l'Europe, et qu'on emploie à la teinture et au tannage; celles-ci ne doivent que le droit de balance. (*Lett. 16 décembre* 1811.)				
Bois de teinture de toutes espèces. Ce droit n'est point passible du décime additionnel. (*C. du 24 avril* 1814.)	O. R. 23 avril 1814.	10	″	
Bois à l'usage de la médecine et des parfumeurs, savoir :				
Bois d'Aloës ou Aspalatum. *au net.*	D. 12 sept. 1810.	800	″	
—— de baume ou xilo-balsamum. *au net.*	D. 8 février 1810.	81	60	
—— de crable ou de girofle. *au net.*	Idem.	61	20	
—— néphrétique. *au net.*	D. 12 sept. 1810.	500	″	
—— de Rhodes. *au net.*	Idem.	200	″	
—— de Santal citrin. *au net.*	Idem.	250	″	
—— Tamaris. *au net.*	Idem.	150	″	
Boites de bois blanc.		15	30	
—— ferrées, boites de sapin peintes; à Mercerie.				
—— ou tabatières de carton ou de papier.		183	60	
—— de cuir.	L. 10 brum. an 5.	P.		
Bol d'Arménie.	D. 8 février 1810.	8	16	
Bombes et boulets; à Munitions.				
Bonneterie autre que de coton et de laine.	L. 1.er mars 1793.	P.		
———— de toute autre espèce.	L. 10 brum. an 5.	P.		
Borax brut (*Borate de soude*).	D. 8 février 1810.	50	″	
—— raffiné. *au net.*	Idem.	180	″	
Bouchons de liége.	L. 30 avril 1806.	36	″	
Boucles de cuivre.	L. 10 brum. an 5.	P.		
Boucs; à Bestiaux.				
Bougettes; à Mercerie.				
Bougies de Spermacéty ou blanc de baleine.		61	20	
Bougran; V. Toile gommée.				
Boules de mail.		8	16	
——— de terre.		B.		
Bourdaine.		B.		
Bourgeons de sapin.	D. 8 février 1810.	3	06	
Bourre ou ploc de toutes sortes.		B.		
——— rouge et autres à faire lit, bourre nolisse ou nalisse, bourre tontisse et bourre de chèvre.		B.		
Bourses de cuir, de fil et de laine; à Mercerie.				
Boutargue.		6	12	
Bouteilles de grès, comme poterie de terre.	L. 1.er août 1792.			
———— de verre, pleines; V. Verres.				
Boutons de toutes espèces, sauf les exceptions ci-après.	L. 10 brum. an 5.	P.		
——— de coco, comme mercerie commune.	D. M. 7 ger. an 5.			
——— de manches, d'étain et autres métaux communs; à Mercerie.				
Bouvillon; à Bestiaux.				
Brai gras.	L. 30 avril 1806.	3	″	
—— sec.	Idem.	3	″	

DÉSIGNATION DES MARCHANDISES.	TITRES DE PERCEPTIONS.			
	DROITS ACTUELS.	F.	C.	Droits établis depuis l'impression.
Brebis ; à Bestiaux.				
Brides et bridons ; comme harnais.	L. 1.er août 1792.			
Briques, tuiles ou carreaux de terre. *le mille en nombre.*		//	75	
Briquets limés ; à Mercerie.				
Broches ; à Quincaillerie.				
Bronze ou airain, et tout métal non ouvré, allié de cuivre, d'étain ou de zinc.		12	24	
——— ouvré.	L. 10 brum. an 5.	P.		
——— en vieux canons ; comme cuivre rouge en mitraille.	D. M. 1.er comp. 12.			
Brosserie ; à Mercerie. Ce qui comprend les brosses de Racines.	Lett. 3 août 1808.			
Brou ou écorce de noix.		B.		
Bruyères à faire vergettes.		//	51	
Brun-rouge ou rouge-brun.		//	51	
Burails et Crépons de Zurich.	D. M. 28 brum. 9.	142	80	
C.				
Cabris ; à Bestiaux.				
Cacao. . . . . *le kilog. net.* Ce droit n'est point passible du décime additionnel. (*C. du* 24 *avril* 1814.)	O. R. 23 avril 1814.	1	//	
——— broyé et en pâte ; V. Chocolat.				
——— (épluchures de) comme cacao.	Lett. 22 sept. 1806.			
——— (pelures de) comme droguerie, omise. *à la valeur.*	Lett. 3 juillet 1807.	20 p. %		
Cachou. . . . . *au net.*	D. 12 sept. 1810.	600	//	
Cadrans d'horloges et de montres ; à Mercerie.				
Café. . . . . *au net.* Ce droit n'est point passible du décime additionnel. (*C. du* 24 *avril* 1814.)	O. R. 23 avril 1814.	60	//	
Caillou à faïence ou porcelaine.		B.		
Calaguala (Racine de) comme droguerie omise. *à la val.*	Lett. 30 juill. 1807.	20 p. %		
Calamine ou Cadmine (*Carbonate de zinc*).		B.		
Calamine blanche ; V. Pompholix.				
Calamus verus, aromaticus ou amarus.	D. 8 février 1810.	9	18	
Calcantum ou Vitriol rubifié, Colchotar.		4	59	
Calebasse de terre, plante.	Idem.	2	04	
——— courge vidée et séchée.		6	12	
Caméléon ; V. Carline.				
Camomille (fleurs de).	Idem.	12	24	
Camphre. . . . . *au net.*	Idem.	200	//	
Canéfice ; V. Casse.				
Canelle de toutes sortes. . . . . *le kilog. net.* Ce droit n'est point passible du décime additionnel. (*C. du* 24 *avril* 1814).	O. R. 23 avril 1814.	4	//	
——— (fleurs de) ou fleurs de canellier ; comme droguerie omise. . . . . *à la valeur.*	D. M. 11 mai 1813.	10 p. %		
——— blanche ; V. Costus doux.				
Cannes ou joncs non montés ; V. Joncs pour cannes.				
Canons de bronze ; V. Bronze.				
——— de fer, de fonte, de fusil, de pistolets ; à Munitions.				
Canots ; à Bateaux.				
Cantharides (mouches).	D. 8 février 1810.	61	20	
Caparaçons pour chevaux ; comme harnais.	L. 1.er août 1792.			
Capillaires.	D. 8 février 1810.	12	24	
Câpres ; V. Fruits.				
Câpriers (Racine de).	Idem.	12	24	
Carabé ; V. Ambre jaune.				
Caractères d'imprimerie, en langue française.		81	60	
——————— en langues étrangeres.		40	80	

DÉSIGNATION DES MARCHANDISES.	TITRES DE PERCEPTIONS.			
	DROITS ACTUELS.			Droits établis depuis l'impression.
		F.	C.	
Caractères vieux d'imprimerie, en sac ou bloc.		B.		
Carbonate blanc de plomb ; V. Blanc de plomb.				
——— *de soude ;* V. Anatrum.				
——— *de zinc ;* V. Calamine.				
Carbure de fer ; V. Mine de plomb.				
Carcasses qui s'emploient dans les modes. . *à la valeur.*	D.M. 17 juill. 1813.	12 p. %		
Cardamomum. . . . . *au net.*	D. 8 février 1810.	122	40	
Cardes à carder.		9	18	
Caret ou écailles de tortue. . . . . *au net.*	D. 12 sept. 1810.	1500		
Carlets ; à Quincaillerie.				
Carline ou Caroline, ou Caméléon.	D. 8 février 1810.	8	16	
Carmin fin, *au net.* . . . . *le kilog.*	Idem.	57	12	
——— commun.	Idem.	32	64	
Carouge ; V. Carrobe.				
Carpobalsamum.	Idem.	24	48	
Carreaux de marbre ; comme marbre ouvré.	Lett. 9 août 1809.			
——— de pierres.		B.		
——— de terre ; V. Briques.				
——— de terre vernis ; comme poterie de terre grossière.	D. M. 16 oct. 1806.			
Carrobe ou Carouge.		//	51	
Cartami (Graine de).	D. 8 février 1810.	6	12	
Cartes géographiques. . . . . *à la valeur.*		5 p. %		
Cartes à jouer.	L. 9 vend. an 6.	P.		
Cartons de toutes espèces. . . . . Ce qui comprend les cartons ou feuilles propres à l'apprêt des draps.		48	96	
——— gris ou pâtes de papier.		B.		
Carvi ou Carvi semen.	D. 8 février 1810.	12	24	
Casse ou Canéfice. . . . . *au net.*	D. 12 sept. 1810.	150	//	
Cassia lignéa ; comme Cannelle.	Idem.			
Castines.		B.		
Castoreum. . . . . *au net.*	D. 8 février 1810.	183	60	
Catapuce ou Palma-Christi.	Idem.	12	24	
Cauris ; V. Coris.				
Cédrats ; V. Fruits.				
——— de Corse ; (V. Amandes de Corse).	D. 24 avril 1811.	B.		
Ceintures de laine ; comme Bonneterie.	D.M. 5 vend. an 13.	P.		
Cendres à l'usage des manufactures ; comme cendres communes, cendres d'orfèvre et cendres de chaux.		B.		
——— bleues et vertes, à l'usage des peintres. *au net.*	D. 8 février 1810.	163	20	
——— de bronze.		6	12	
——— gravelées, connues sous le nom de Vedasses, Quedasses, Casubes, etc., venant des ports de la Baltique et du Nord. . . . . . . *au net.*	D. 7 mars 1811.	15	//	
——— gravelées venant d'autres pays ; V. Potasses.				
Cercles de fer dont sont revêtues les futailles vides, comme omis. . . . . *à la valeur.*	Lett. 24 fév. 1813.	10 p. %		
Cerf (os de cœur de).	D. 8 février 1810.	40	80	
—— (moëlle, nerf, vessie de).	Idem.	12	24	
—— (esprit, sel, huile de).	Idem.	12	24	
—— (cornes rapées de).	Idem.	8	16	
Céruse en pain et en poudre.	D. 11 juillet 1810.	20	//	
Céterac, espèce de Capillaire	D. 8 février 1810.	2	04	
Cévadille (Graine de).	Idem.	8	16	
Chadecs ; V. Fruits.				
Chaînes de fer (grosses) ; comme ouvrages de serrurerie.	L. 1.er août 1792.			
Chairs salées.	L. 19 mai 1793.	B.		
Chaises communes en bois ; comme ouvrages en bois.	Lett. 23 fév. 1807.			
Champignons frais, comme omis. . . . . *à la valeur.*	Lett. 12 nov. 1808.	3 p. %		

DÉSIGNATION DES MARCHANDISES.	TITRES DE PERCEPTIONS. DROITS ACTUELS.	F.	C.	Droits établis depuis l'impression.
Champignons secs		30	60	
Chandelles de suif		6	12	
Chanvre, même apprêté, ou en filasse		B.		
Chapeaux anglais	L. 10 brum. an 5.	P.		
——— non anglais, ci-après; savoir:				
——— de castor et demi-castor. *la pièce.*		6	″	
——— de toute espèce, en poil commun ou laine. *la pièce.*		3	″	
——— de crin. *la douzaine.*		2	50	
——— d'écorce de bois. *la douzaine.*	L. 30 avril 1806.	5	″	
——— des fabriques du royaume d'Italie. *la douzaine.*	Traité 20 juin 1808.	2	50	
Le droit sur les chapeaux d'écorce de bois, porte sur la réunion de la *coque* et du *plateau*; ainsi douze *coques* et douze *plateaux* ne forment qu'une douzaine de chapeaux.				
——— de paille. *la douzaine.*	L. 30 avril 1806.	8	″	
——— des fab. du royaume d'Italie. *la douz.*	Traité 20 juin 1808.	4	″	
——— de cuir	L. 10 brum. an 5.	P.		
——— marc de rose		″	51	
Chapelets de bois et de rocailles; à Mercerie.				
Chapes de boucles de fer ou d'acier	Idem.	P.		
Charbon de bois et de chenevottes		B.		
——— de terre, le tonneau de 1077 kilog. importé:				
par l'Océan, de St. Jean-de-Luz aux Sables, inclusivement	L. 8 floréal an 11.	8	″	
des Sables d'Olonne à Rhédon, inclusivement	Idem.	10	″	
de Rhédon à Tréport, inclusivement	Idem.	8	″	
de St. Valery-sur-Somme, jusqu'à l'Authie, exclusiv.	Idem.	10	″	
de l'Authie à Dunkerque	Idem.	15	″	
par tous les ports de la Méditerranée	Idem.	10	″	
Ces droits doivent être perçus par tonneau, lorsque la totalité du chargement est en charbon; et d'après la pesée réelle, à raison de 1077 kilogrammes pour un tonneau, si le navire est chargé de marchandises sujettes à différens droits. [*L.* 1.er *août* 1792.]				
——— de terre importé par terre. . *le baril de* 120 *kil.*	L. 19 mai 1793.	0	10	
L'importation par les ports qui se trouvent sur les fleuves jusqu'à leur embouchure exclusivement, doit être assimilée à l'importation par terre. (*C.* 15 *messidor an* 6.)				
Chardons à drapiers et bonnetiers		B.		
Châtaignes et marrons; V. Fruits.				
——— de Corse; (V. Amandes de Corse)	D. 24 avril 1811.	B.		
Chaux à brûler. *le mètre cube.*	C. 16 therm. an 12.	0	30	
Chevaux, excepté ceux ci-après	L. 16 avril 1793.	B.		
——— anglais	A. 13 therm. an 9.	P.		
Ils ont l'encolure longue, fine, peu chargée de crin, la tête bien faite et moutonnée, le garot menu et relevé, les reins courts et droits, le flanc et les côtes rondes, la croupe longue, la queue placée un peu haut, les jambes bien faites et sans poils, le paturon long.				
Cheveux	L. 1.er août 1792.	B.		
Chèvres et chevreaux; à Bestiaux.				
Chicorée (racine de); V. Racine.				
Chicotins; comme ouvrages en peaux	Lett. 15 th. an 9.	P.		
Chiens de chasse. *la pièce.*		″	50	
Chiques ou billes; comme ouvrages en pierres	D. M. 11 fév. 1814.			
Chocolat. *au net.*	D. 8 février 1810.	520	″	
Ce droit est commun au cacao broyé et en pâte. (*C.* 24 *mars* 1806.)				
Chouan ou Couan	D. 8 février 1810.	102	″	
Chou-croûte		4	08	

DÉSIGNATION DES MARCHANDISES.	TITRES DE PERCEPTIONS. DROITS ACTUELS.	F.	C.	Droits établis depuis l'impression
Chou de mer ; V. Soldanelle.				
Cidre .... *le muid de Paris.*		6	//	
Cigarres ; V. Tabac fabriqué.				
Ciment		B.		
Cimolée ; V. Terre moulard.				
Cinabre naturel et artificiel. (*Mercure sulfuré rouge*)..				
——— pulvérisé ; c'est le Vermillon (*C.* 15 *octobre* 1810) ; V. Vermillon.				
Cire blanche non ouvrée		61	20	
——— ouvrée		81	60	
——— non ouvrée et ouvrée, du crû ou des fabriques du royaume d'Italie. *Moitié des droits ci-dessus.*	Traité 20 juin 1808.			
—— jaune non ouvrée		6	12	
—— jaune non ouvrée de Corse ; (V. Amendes de Corse.)	D. 24 avril 1811.	B.		
—— jaune ouvrée		48	96	
—— à cacheter		97	92	
—— à gommer, à l'usage des tapissiers		12	24	
—— pour souliers		61	20	
Ciseaux pour les haies ; comme Instrumens aratoires, à quincaillerie commune.				
——— de menuisier ; comme outils propres aux arts..	D.M. 17 juill. 1813.			
Citouard ; V. Zédoaire.				
Citrons ; à Fruits.				
——— de Corse ; V. amandes de Corse	D. 24 avril 1811.	B.		
——— (jus de) ; V. Jus.				
Civette ; au net .... *le kilog.*	D. 8 février 1810.	244	80	
Clapons ; à Cornes.				
Cloches, clochettes, mortiers de fonte et de métail	D.M. 27 vent. an 5.	P.		
——— cassées ; V. Métal de cloches.				
Cloportes	D. 8 février 1810.	61	20	
Clous de Girofle ; au net .... *le kilog.* Ce droit n'est pas passible du décime additionnel. (*C. du* 24 *avril* 1814.)	O. R. 23 avr. 1814.	1	50	
——— (queue de) comme droguerie omise .... *à la valeur.*	Lett. 15 mai 1806.	20 p. %		
——— autres que ceux de cuivre tarifés à Cuivre	L. 10 brum. an 5.	P.		
Cobalt ou Cobolt		2	04	
Cochenille ; au net .... *le kilog.* Ce droit n'est pas passible du décime additionnel. (*C. du* 24 *avril* 1814.)	O. R. 23 avr. 1814.	5	//	
Cochons ; à Bestiaux.				
Coco (noix de)	D. 8 février 1810.	24	48	
—— (coques de)		B.		
Coffres non garnis ; à mercerie.				
Colchotar ; V. Calcantum.				
Colles, excepté celles ci-après		12	24	
——— de poisson ; au net	Idem.	100	//	
Colliers de perles et de pierres fausses ; à Mercerie.				
Colophone ou Colophane, espèce de resine, comme brai.				
Coloquinte	Idem.	12	24	
Compas ; à Mercerie.				
Confections de toutes sortes		P.		
Confitures de toutes sortes	L. 8 floréal, an 11.	70	//	
Conserve autre que celle ci-après ; comme Confitures..	Lett. 24 oct. 1811.			
——— dans laquelle il n'entre ni sucre, ni miel ; comme marchandise omise .... *à la valeur.*	Lett. 27 nov. 1811.	10 p. %		
Contrayerva	D. 8 février 1810.	20	40	
——— blanc ; V. Asclepias.				
Coquelicot ; V. Pavot rouge.				

DÉSIGNATION DES MARCHANDISES.	TITRES DE PERCEPTIONS. DROITS ACTUELS.	F.	C.	Droits établis depuis l'impression.
Coques du Levant	D. 8 février 1810.	16	32	
Coquillages et autres morceaux d'histoire naturelle....		B.		
——— de mer, autres que ceux dénommés au tarif..	L. 1.er août 1792.	B.		
Coquilles de nacre; V. Nacre.				
Corail ouvré ... *à la valeur.*		15 p. %		
——— non ouvré, en fragmens		20	40	
——— en poudre		P.		
——— de jardin; comme Piment; à Poivre.				
Coraline ou mousse marine	D. 8 février 1810.	8	16	
Cordages de chanvre	L. 30 avril 1806.	15	//	
La ficelle et tous autres ouvrages de corderie sont compris sous cette dénomination. (*C. 25 pluviôse an 13, et lett. 21 mars 1807.*)				
Cordages de chanvre des fabriques d'Italie	Traité 20 juin 1808.	7	50	
——— de jonc et de tilleul	L. 30 avril 1806.	4	//	
——— usés		B.		
Cordes à violons; comme mercerie fine	L. 1.er août 1792.			
——— métalliques jaunes et blanches, à l'usage des forte-piano et d'autres instrumens; savoir:				
Les jaunes	D. 26 déc. 1811.	100	//	
Les blanches	Idem	70	//	
Cordonnets de fil; comme rubans de fil	L. 1.er août 1792.			
Cordonnerie (ouvrages de)	L. 10 brum., an 5.	P.		
Cordons de laine et de fil de chèvre, mêlés; V. Rubans.				
Coriandre (graine de)	D. 8 février 1810.	3	06	
Coris ou Cauris		B.		
Cornes de bœufs ou de vaches... *le mille en nombre.*		//	25	
——— brûlées et ébauchées pour manches de couteaux; comme celles rondes.				
——— de cerf et de snack		2	25	
——— en feuillets transparens, par 104 feuillets; savoir:				
De 19 à 24 centimètres de long. sur 19 à 22 de larg.	L. 8 floréal an 11.	8	//	
De 14 à 16 idem, sur 11 à 14 idem	Idem	6	//	
De 11 à 14 idem, sur 11 idem	Idem	4	//	
De 11 centim. et au-dessous id., sur 11 et au-dess. id.	Idem	3	//	
Cornes de licorne ... *le kilogramme.*		6	12	
——— de moutons, béliers et autres communes, ce qui comprend les cornes rapées ou clapons		B.		
——— plates à faire peignes	Idem	24	//	
——— rondes à faire peignes		3	06	
Cornets à jouer, de corne ou de cuir; à Mercerie.				
Cornichons confits		8	16	
Costus indicus et amarus; au net	D. 8 février 1810.	244	80	
——— doux ou canelle blanche	Idem	16	32	
Côtes d'Angélique; V. Angélique.				
——— de tabacs; V. Tabacs.				
Cotons	O. R. 23 avril 1814.	B.		
Ce droit n'est pas passible du décime additionnel. (*C. 24 avril 1814.*)				
——— filés, quels que soient leur origine et leur numéro.	D. 22 déc. 1809.	P.		
——— filés pour mèches	L. 30 avril 1806.	P.		
——— (graine de)		B.		
Couffins de palme; comme Cordages de jonc et de tilleul.	Lett. 6 févr. 1806.			
Couleurs à peindre de toutes sortes, en sacs, en vases, en boîtes et en tablettes	D. 8 février 1810.	28	56	
Couperose blanche (Vitriol blanc; *Sulfate de zinc.*)	Idem	30	60	
——— ou vitriol bleu (Vitriol de Chypre; *Sulfate de cuivre.*)	Idem	30	60	
——— verte (Vitriol de Mars; *Sulfate de fer.*)	Idem	40	//	
Coutellerie (ouvrages de)	L. 10 brum. an 5.	P.		

DÉSIGNATION DES MARCHANDISES.	TITRES DE PERCEPTIONS. DROITS ACTUELS.			Droits établis depuis l'impression
		F.	C.	
Coutils de pur fil.		81	60	
Ceux dans lesquels il entre du coton sont prohibés, comme toiles de fil et coton.				
——— des fabriques du royaume d'Italie.	Traité 20 juin 1808.	40	80	
Couvertures de coton et de fil et coton.	L. 30 avril 1806.	P.		
——— de laine.	D. M. 3 vend., 13.	P.		
——— de ploc et autres basses matières.		48	96	
——— de soie, de filoselle et fleuret.		204	″	
Crasse de cire.		3	06	
——— ou pierre de sel : c'est l'écume de verre, tarifée au mot *Anatrum*.				
Craie ; V. Alana.				
Crayons noirs.		1	02	
——— d'ardoise ; comme ouvrages en pierre.	Lett. 24 août 1808.			
——— en pastel et autres de toutes sortes.	D. 8 février 1810.	20	40	
Crême ou cristal de tartre (*Tartrite acidule de potasse.*)	Idem.	18	36	
Crêpes de soie, sauf ceux ci-après. . *la pièce de* 11 *m.* 88 *c.*		9	″	
Crêpons ; V. Burails.				
Creusets d'orfèvres et ceux propres aux monnoies ; comme poterie de terre.				
Cricqs ; comme ouvrages en fer.	Lett. 14 mai 1807.	P.		
Crin.	L. 30 avril 1806.	12	″	
Cristal de roche, non ouvré.		30	60	
——— de roche ouvré.	L. 10 brum. an 5.	P.		
——— de tartre ; V. Crême.				
Cruches de grès ; comme poterie de terre.				
Cubèbe, ou poivre à queue.	D. 8 février 1810.	8	16	
Cuillers d'étain ; à Mercerie.				
Cuir bouilli.	L. 10 brum. an 5.	P.		
Cuirs dorés et argentés pour tapisseries.	Idem.	P.		
——— de bœufs et de vaches secs et en poil de Corse. V. Amandes de Corse.	D. 24 avril 1811.	B.		
——— de bœufs et de vaches de quelqu'autre pays qu'ils viennent.	D. 16 déc. 1811.	30	″	
——— de cheval.	Idem.	20	″	
——— tannés, corroyés ou apprêtés, ouvrés ou non ouvrés.	L. 10 brum. an 5.	P.		
On en excepte les Vaquettes ou demi-semelles de Lisbonne, qui, n'ayant reçu qu'une légère main-d'œuvre, sont admissibles ; V. Vaquettes.				
Cuivre rouge brut, fondu en gâteau ou plaque, lingot, rosette et mitraille rouge de toute espèce.		B.		
——— argenté ; V. Argent faux.				
——— brûlé ; V. Æs-ustum.				
——— en chandeliers, flambeaux, mouchettes, tire-bouchons et autres ouvrages de même espece ; à Mercerie.				
——— rouge en flaons pour les monnoies.	L. 19 mai 1793.	B.		
——— jaune ; V. Laiton.				
——— laminé pour doublages de vaisseaux et à fond de chaudière, barres à cheville, clous de cuivre rouge durcis au gros marteau, clous de cuivre allié pour doublable et pentures de gouvernail.	L. 8 floréal an 11.	75	″	
——— en plaques propres à faire le verdet.	D.M. 29 sept. 1810.	75	″	
Ces plaques sont rondes, d'une ligne à une ligne et demie d'épaisseur, de 21 à 22 pouces de diamètre, et du poids de deux à trois kilogrammes : on les coupe ordinairement en cinq ou six parties. (*C. 20 octobre* 1810.)				
Cuivres ouvrés de toute autre espèce que ceux ci-dessus.	L. 10 brum. an 5.	P.		
Cumin.	D. 8 février 1810.	4	08	
Curcuma.	D. 12 sept. 1810.	125	″	

DÉSIGNATION DES MARCHANDISES.	TITRES DE PERCEPTIONS. DROITS ACTUELS.	F.	C.	Droits établis depuis l'impression.
Cuscuthes ; V. Epithimes.				
Cyperus ; V. Souchet.				
D.				
Dattes ; V. Fruits.				
Daucus (graine de), ou semen-dauci	D. 8 février 1810.	20	40	
Dégras de peaux		10	20	
Dentelles de fil et de soie ... *par mètre*.	L. 3 avril 1806.	2	″	
——— grossières de fil ... *par mètre*.	Idem	″	10	
——— d'argent fin ; au net ... *le kilogr.*		81	60	
——— d'or fin ; au net ... *le kilogr.*		122	40	
——— d'or et d'argent faux ; au net ... *le kilogr.*		24	48	
Dents d'éléphant (*Ivoire*, *Morphil*)	D. 12 sept. 1810.	400	″	
——— de loup ; V. Loup.				
Derle ou terre de porcelaine		B.		
Dessins à la gouache ; comme tableaux	Lett. 27 févr. 1807.			
Dez à coudre, autres que ceux d'or et d'argent, et dez à jouer ; à Mercerie.				
Dibidivi		B.		
Dictame ou Radix dictami, en feuilles	D. 8 février 1810.	8	16	
Dominoterie ; à Mercerie.				
Dragées de toutes sortes		30	60	
Draps de laine, de coton et de poil, ou mélangés de ces matières	L. 10 brum. an 5.	P.		
Drilles ; à linge vieux.				
Drogueries non dénommées au tarif ; autres que celles ci-après ... *à la valeur*.	L. 30 avril 1806.	20 p. %		
——— médicinales en poudre ; comme médicamens composés	Lett. 12 sept. 1811 et D. M. 19 jan. 1813.	P.		
Duvet ; sauf les exceptions ci-après :	L. 30 avril 1806.	100	″	
——— d'autruche ; V. Autruche.				
——— de l'Eider ; V. Edredon.				
E.				
Eau de cerises ; V. Kirschwaser.				
——— de fleur d'orange ; comme eau médicinale.				
——— forte (Esprit de nitre ; *acide nitrique*.)	D. 8 février 1810.	40	80	
——— rose ; c'est la poix distillée avec de l'eau	Lett. 7 août 1811.	B.		
Eaux médicinales et de senteur ... *au net*.	D. 8 février 1810.	122	40	
——— minérales, sauf le droit sur les bouteilles		B.		
Eau-de-vie simple ... *le litre*.	L. 30 avril 1806.	″	20	
——— double et rectifiée, au-dessus de 22 dégrés jusques et compris 32 ... *le litre*.	Même loi	″	40	
——— au-dessus de 32 dégrés, est réputée esprit de vin ; V. ce mot.				
——— d'Andaye ; comme liqueur	L. 1.er août 1792.			
——— autre que de vin		P.		
Celle provenant de prises ... *à la valeur*.	L. 12 janv. 1810.	40 p. %		
Ecaille d'ablette		2	04	
——— de tortue ; V. Caret.				
Ecarlatte (graine d') ou Alkerme	D. 8 février 1810.	2	04	
Echalats ; comme bois feuillards pour cercles et lattes	Lett. 26 germ. an 10.			
Echantillons de gants et de bas de soie dépareillés, et n'excédant pas le nombre de trois	L. 1.er août 1792.	B.		
Ecorce d'aulne ; V. aulne.				
——— de bois pour chapeaux de femme ... *à la valeur*.	Lett. 10 pr. an 13.	10 p. %		
——— de câprier	D. 8 février 1810.	12	24	

DÉSIGNATION DES MARCHANDISES.	TITRES DE PERCEPTIONS. DROITS ACTUELS.	F.	C.	Droits établis depuis l'impression.
Ecorce de chêne et autres à faire tan		B.		
——— de citrons, d'oranges et bergamottes		8	16	
——— de coutilawan	D. 8 février 1810.	24	48	
——— de gayac	Idem	3	06	
——— de Grenade ou Malicorium; comme droguerie omise. *à la valeur.*	Lett. 26 avril 1806.	20 p. %		
——— de grenadier; V. Grenadier.				
——— de mendragore ou faux gens-eng	D. 8 février 1810.	36	72	
——— de noix; V. Brou.				
——— d'orme pyramidal. *à la valeur.*		2 ½ p. %		
——— de quercitron	D. 12 sept. 1810.	30	//	
——— de scavisson ou Escavisson; comme droguerie omise. *à la valeur.*		20 p. %		
——— de simarouba	D. 8 février 1810.	30	60	
——— de tamaris	Idem	12	24	
——— à tan; V. Ecorces de chêne.				
——— de tilleul pour cordages		B.		
Ecritoires simples, à Mercerie.				
Ecume de verre; V. au mot *Anatrum.*				
Ederdon ou Edredon, ou duvet de l'Eider. *le kilog.*	L. 30 avril 1806.	6	//	
Effets à l'usage des voyageurs	D. M. 27 niv. an 6.	Néant.		
Ellebore noir ou blanc (racine d')	D. 8 février 1810.	8	16	
Email brut et blanc		12	24	
—— ouvré		91	80	
—— en poudre; comme azur en poudre	C. 23 pluv. an 13.			
Emeril en poudre et en grains		1	02	
Emporte-pièces; à quincaillerie.				
Encens (ce qui comprend l'encens commun ou galipot.) (*Lett. du 7 octobre* 1806.)	D. 8 février 1810.	40	//	
Enclumes grossières; à Quincaillerie commune.				
——— fines; comme omise. *à la valeur.*	L. 30 nov. 1809.	10 p. %		
Encre de la Chine	D. 8 février 1810.	163	20	
——— à écrire		24	48	
——— à imprimer, et en taille-douce		12	24	
Engrais de toute sorte pour les terres		B.		
Enula campana, V. Aulnée.				
Eperons communs; à Mercerie.				
Epingles blanches		61	20	
——— jaunes; comme épingles blanches	Lett. 1.er déc. 1809.	61	20	
Epithimes ou Cuscutes	D. 8 février 1810.	8	16	
Epiceries non dénommées. *à la valeur.*		10 p. %		
Eponges communes. (Sont réputées telles, celles dont la valeur du quintal n'excède pas 300 francs. *Loi* 1.er *août* 1792.)		60	//	
——— fines	L. 30 avril 1805.	200	//	
——— servant à la fabrication de l'amadou		B.		
Escajolles		//	51	
Escavisson; V. Ecorce.				
Espèces monnoyées d'or ou d'argent; V. Or et Argent.				
Esprit ou essence de bergamottes et de citrons, au net. *le kil.*	D. 8 février 1810.	3	06	
——— de cerf; V. Cerf.				
——— ou essence de gérofle, au net. *le kilog.*	Idem	8	16	
——— de nitre (*Eau-forte; acide nitrique*)	Idem	40	80	
——— de sel (acide marin; *acide muriatique*)	Idem	61	20	
——— de soufre; comme esprit de nitre	L. 1.er août 1792			
——— ou essence de térébentine	D. 8 février 1810.	12	24	
——— de vin (*Alkool*). *le litre.*		0	45	
——— de vitriol; V. Aigre.				

DÉSIGNATION DES MARCHANDISES.	TITRES DE PERCEPTIONS. DROITS ACTUELS.	F.	C.	Droits établis depuis l'impression.
Esquine ; V. Squine.				
Essaye	D. 8 février 1810.	2	04	
Essence ou quintessence d'anis ; au net	Idem	408	"	
—— de canelle ; au net . . . *le kilog.*	Idem	293	76	
—— de romarin et autres semblables ; au net	Idem	163	20	
—— de rose ou Rhodium ; au net . . . *le kilog.*	Idem	97	92	
Estampes de toutes sortes . . . *à la valeur.*		15 p	%	
Esule, racine médicinale	Même décret	2	04	
Etain non ouvré		4	08	
—— usé ou brisé, propre à la refonte		4	08	
—— en cuillers et fourchettes, et autres menus ouvrages ; à Mercerie.				
—— en feuilles ou battu		51	"	
—— ouvré d'autre sorte ; prohibé	L. 10 brum. an 5.	P.		
—— de glace ; V. Bismuth.				
Etaux communs et grossiers ; à Quincailleries.				
—— et tours d'horlogers, comme omis au tarif . . *à la val.*	D. M. 22 niv. an 7.	10 p. %		
Etoffes d'écorces d'arbres		P.		
—— de laine, de coton et de poil ou mélangées de ces matières		P.		
Nota. Il faut excepter de cette prohibition les étoffes de laine des fabriques du royaume d'Italie ; V. Draps.				
—— avec or ou argent faux		P.		
—— de soie ; au net ; savoir :				
unies de toutes sortes . . . *le kilog.*		15	30	
brochées sans or ni argent . . . *le kilog.*		18	36	
brochées avec or et argent fin . . . *le kilog.*		30	60	
mêlées d'autres matières (non prohibées) sans or ni argent . . . *le kilog.*		12	24	
mêlées avec or et argent fin		16	32	
de filoselle ou fleuret		6	12	
de filoselle ou fleuret avec or et argent		9	18	
Etoupes de chanvre et de lin		B.		
Etriers ; comme mercerie commune	L. 1.er août 1792.			
Etrilles ; comme instrumens aratoires ; à Quincaillerie	D.M 17 juill. 1813.			
Euphorbe	D. 8 février 1810.	12	24	
Euphraise	Idem	8	16	
Eventails communs ; à Mercerie.				
—— fins, c'est-à-dire, d'une valeur excédant 1 f. 50 c. la pièce ; comme Mercerie fine	L. 1.er août 1792.			
F.				
Fabago (racine de)	D. 8 février 1810.	6	12	
Faïence et poterie de grès		24	48	
Celle connue sous la dénomination de terre de pipe ou grès d'Angleterre	L. 10 brum. an 5.	P.		
Faines ; V. Fruits.				
Faisse ou lie d'huile ; comme huile commune	Lett. 22 mai 1809.			
Farine, excepté celle ci-après	D. M. 7 frim. an 8.	B.		
—— d'avoine ; V. Avoine.				
—— de châtaignes ; comme châtaignes	Lett. 19 juin 1807.			
Faulx et faucilles autres que celles ci-après	D. 22 déc. 1812.	100	"	
—— provenant des fabriques du royaume d'Italie, moitié des droits existant à l'époque du traité.	Traité 20 juin 1808.	20	40	
Fausse rhubarbe ; V. Rapontic.				
Faux gens-eng ; V. Ecorce de Mandragore.				
Fauvie ; comme droguerie omise . . . *à la valeur.*	D. M. 21 mars 1813.	20 p. %		
Fenouille (graine ou semence de)	D. 8 février 1810.	12	24	

DÉSIGNATION DES MARCHANDISES.	TITRES DE PERCEPTIONS. — DROITS ACTUELS.	F.	C.	Droits établis depuis l'impression.
Fenugrec		1	02	
Fer blanc	D. 11 juillet 1810.	51	20	
—— noir en feuilles et en tôle	L. 30 avril 1806.	10	//	
—— blanc, fer noir et fer en tôle ouvrés	L. 10 brum. an 5.	0	//	
—— de rabots, admissible comme outils propres aux arts	D.M. 17 juill. 1810.			
—— en barres	L. 30 avril 1806.	4	//	
—— en gueuse		B.		
—— en verges, feuillards, carillons, rondins et autres, qui ont reçu une première main-d'œuvre	Idem.	6	//	
—— en fonte, en plaques de cheminées et autres ouvrages.	L. 10 brum. an 5.	P.		
—— en plaques arrondies sous le marteau de forge, destinées à être transformées en poêles, seront admises, comme n'ayant reçu qu'une première main-d'œuvre, au droit de 6 fr. (*D. M.* 5 *juin* 1812.)				
—— ouvrés de toutes sortes, comme fers en taillanderie, ressorts de voitures, serrures et autres ouvrages de serrurerie	L. 10 brum. an 5.	P.		
—— carburé; V. mine de plomb.				
Ferraille et vieux fer		B.		
Ferret d'Espagne		//	51	
Fèves de Saint-Ignace	D. 8 février 1810.	28	56	
Feuilles d'alkécange, de bétel, de dictame, de fustet; V. ces mots.				
——— de gérofle; à Folium gariophilatum.				
——— de houx		B.		
——— de laurier, comme omises....... *à la valeur.*		3 p. %		
——— de lierre, de marum; V. ces mots.				
——— de myrte et autres propres à la teinture et aux tanneries		B.		
——— de noyer		B.		
——— de presle, de redoul, de rhue, de viorne; V. Presle, etc.				
Fiasques, bouteilles de verre empaillées; V. Verrerie.				
Ficelle; V. Cordages de chanvre.				
Fil de fer ou acier		12	24	
— de cuivre de 6 lignes de diamètre et au-dessous		40	80	
— de cuivre jaune, propre à la broderie, comme cuivre argenté	Lett. 24 févr. 1812.	102	//	
— de laiton poli	D. 5 octobre 1811.	P.		
Ce décret n'est pas applicable aux fils de cuivre jaune et argenté, comme sous la dénomination de trait de cuivre jaune et trait de cuivre argenté, tarifés sous le nom d'or et d'argent faux filé. (*C.* 8 *janvier* 1812.)				
— de lin et de chanvre simple	L. 30 avril 1806.	10	//	
— d'étoupes		0	51	
— de lin et de chanvre retors		61	20	
——————— teint		122	40	
— à voiles		6	12	
— de lin et de chanvre des fabriques du royaume d'Italie; la moitié des droits du tarif. (*Traité du* 20 *juin* 1808.)				
— de linon		B.		
— de mulquinerie		B.		
— de ploc, ou poil de cheval		4	08	
Filasse; V. Chanvre.				
Fioles de verre, pleines; V. Verres.				
Fléaux de balances	D. M. 18 v. an 10.	P.		
Fleurets; comme armes blanches	Lett. 30 juill. 1806.			

DÉSIGNATION DES MARCHANDISES.	TITRES DE PERCEPTIONS. DROITS ACTUELS.			Droits établis depuis l'impression.
		F.	C.	
Fleurs artificielles de toutes sortes		122	40	
——— de camomille, de guimauve, de lavande sèche, de muguet, de pavot rouge ou coquelicot; V. ces mots.				
——— de pêcher	D. 8 février 1810.	14	28	
——— de pivoine; V. Pivoine.				
——— de romarin	Idem	14	28	
——— de soufre (*soufre sublimé*)	Idem	12	24	
——— de violette	Idem	14	28	
Flin		1	02	
Foin et herbes de pâturages		B.		
Folium gariophilatum ou feuilles de gérofle	Idem	40	80	
——— indicum ou indum	Idem	5	10	
Fonte verte; V. Polozum.				
Forces à tondre les draps		10	20	
Fouets; à Mercerie.				
Fourchettes d'étain; à Mercerie.				
——— de fer; comme Mercerie commune	L. 1.er août 1792.			
Fournimens à poudre; à Mercerie.				
Fournitures d'horlogerie; à Horlogerie.				
Fourreaux d'épée; à Mercerie.				
——— de pistolets; comme Harnais	Idem			
Fourrure; V. Pelleterie ouvrée.				
Franges; V. Passementerie.				
Fromages	L. 7 sept. 1807.	6	//	
——— provenant des fabrications du royaume d'Italie.	Traité 20 juin 1808.	3	//	
Fruits; savoir:				
Bigarades, cédrats, citrons, limons, oranges, chadecs	L. 30 avril 1806.	10	//	
Les oranges sèches et amères qu'on emploie à la fabrication du genièvre, doivent le même droit	Lett. 7 mai 1806.	10	//	
Câpres	L. 30 avril 1806.	30	//	
Pistaches non cassées	Idem	48	//	
Pistaches cassées	Idem	72	//	
Pistaches vertes, le même droit	Lett. 7 janv. 1812.			
Olives et picholines	L. 30 avril 1806.	8	//	
Prunes, pruneaux, raisins et autres fruits secs	Idem	18	//	
Les dattes, les raisins de Corinthe et de Damas sont compris sous la dénomination de fruits secs	Lett. 12 th. an 13.	8	//	
Mais les raisins secs du royaume d'Italie ne doivent que moitié	Traité 20 juin 1808.	4	//	
Tous les autres fruits non dénommés au tarif.	L. 30 avril 1806.	4	//	
Cette classe comprend les châtaignes, marrons, noix, avelines ou noisettes. (*Lett. des* 19 *et* 28 *décembre* 1806 *et* 21 *mai* 1808.)				
Elle comprend également les faînes. (*Lett.* 27 *décembre* 1811) et les fruits crus que le tarif de 1791 a tirés à *néant*. (*C.* 23 *pluviose an* 13.)				
Fruits à l'eau-de-vie		48	96	
——— artificiels en terre fine cuite; comme omis. *à la val.*		10 p. %		
Fumiers		B.		
Fuseaux; à Mercerie.				
Fustet (feuilles et branches de)		B.		
Futailles vides		B.		
——— vides, cerclées en fer, doivent, outre le droit de balance pour le bois, celui de 10 p. % sur la valeur des cercles. (*Lett.* 24 *frimaire an* 13 *et* 12 *février* 1812.)				

DÉSIGNATION DES MARCHANDISES.	TITRES DE PERCEPTIONS. DROITS ACTUELS.		Droits établis depuis l'impression.
G.			
Gaines ; à Mercerie.			
Galbanum.	D. 8 février 1810.	16 32	
Galipot ; V. Encens.			
Galle ; V. Noix de.			
Galles légères.	L. 1.er août 1792. .	B.	
——— concassées.	Lett. 8 sept. 1806.	B.	
——— pulvérisées, comme omises, à la valeur.	Lett. 5 mai 1808. .	10 p. %	
Gallengal mineur et majeur.	D. 8 février 1810.	8 16	
Gallium blanc et jaune.	Idem.	2 04	
Galons et ganses ; V. Passementerie.			
——— vieux pour brûler.		B.	
Gants et autres ouvrages de ganterie en peau et cuir, doublés ou non.	L. 10 brum. an 5.	P.	
——— de fil, de laine, de soie ou autres matières ; comme bonneterie.	Idem.	P.	
Garance moulue.	D. 8 février 1810.	30 //	
——— sèche, ou alizari.	Idem.	12 //	
——— (poussière de). Les résidus étant soumis sous le nom de grabeau ou pousse, aux mêmes droits que les drogues d'où ils proviennent, la poussière de garance doit payer le même droit. (*Lett. 26 vendémiaire an 9.*)			
Garance verte.	D. 8 février 1810.	4 //	
Garou (racine de) ; V. Thymelée.			
Garouille.		B.	
Gaude.		B.	
Gazes anglaises.	L. 10 brum. an 5.	P.	
——— et marly de soie ; au net. *le kilogr.*		30 60	
——— de soie des fabriques du royaume d'Italie ; au net. *le kilogr.*	Tr. 20 juin 1808.	15 30	
——— de soie et de fil ; au net. *le kilogr.*		16 32	
——— d'or et d'argent, ou mêlées d'or et d'argent ; au net. *le kilogr.*		61 20	
——— ou Tricot de Berlin.	D. 10 mars 1809.	P.	
Gazettes et journaux.		B.	
Genestrole.		B.	
Genièvre, comme eau-de-vie autre que de vin.		P.	
Celui de prises. *à la valeur.*	L. 12 janvier 1810.	40 p. %	
Gens-eng ; au net.	D. 8 février 1810.	183 60	
Gentianne.	Idem.	3 06	
Gérofle (bois de) ; V. Bois de Crable.			
——— V. Clous de girofle.			
Gibecières ; à Mercerie.			
Gibier de toutes sortes.		B.	
Gingembre.	D. 12 sept. 1810.	30 //	
Glaces et miroirs au-dessus de 3 décimètres, 25 millimètres, à la valeur.		15 p. %	
——— de 3 décim., 25 millim., et au-dessous. Ce qui comprend les miroirs de toilette, de poche, etc., montés en bois ou en carton. (*L. du 1.er mars 1809.*)		30 60	
Glands de chêne ; comme Avelanède.	Lett. 13 ger. an 9.		
Glayeul ou Iris du pays.	D. 8 février 1810.	20 40	
Glu.	Idem.	14 28	

Gommes et Résines.

1.° *A l'usage des teintures, fabriques et manufactures.*

Gomme adragante ; comme gomme arabique.	Lett. 29 oct. 1810.		

DÉSIGNATION DES MARCHANDISES.	TITRES DE PERCEPTIONS. DROITS ACTUELS.			TITRES DE PERCEPTIONS. Droits établis depuis l'impression.
Elle sert pour les apprêts des étoffes de soie, pour celui des dentelles de fil, et en pharmacie.				
Gomme arabique.	D. 12 sept. 1810.	75	"	
——— de Bassora ; comme gomme arabique.				
Si elle est moins nette et plus commune, elle sert aux mêmes usages, et la différence de sa valeur est très-peu sensible.				
——— de cerisier, d'abricotier, pêcher, prunier, olivier, et autres communes pour la chapellerie.		B.		
——— copal.	D. 12 sept. 1810.	200	"	
——— lacque en feuilles.	Idem.	200	"	
——— lacque en grains et sur bois, mastic et sandarac pour les vernis.	D. M. 26 mai 1811.	200	"	
——— de Sénégal.	D. 12 sept. 1810.	75	"	
——— turique.	Idem.	75	"	
2.° *A l'usage de la médecine et des parfumeurs.*				
Gommes d'acajou, de cyprès, animée, de lierre, hèdre et sarcolle.	D. 8 févr. 1810.	20	40	
——— ammoniaque ; au net.	Idem.	200	"	
——— de cèdre.	Idem.	40	80	
——— résine élastique ; au net.	D. 12 sept. 1810.	200	"	
——— élemi de toute sorte ; au net.	Idem.	500	"	
——— de gayac ; au net.	Idem.	75	"	
——— gutte ou de cambogium ; au net.	Idem.	600	"	
——— oppoponax ; au net.	Idem.	400	"	
——— sagapenum, seraphicum ou séraphique ; au net.	Idem.	200	"	
——— taccamaca.	D. M. 26 mai 1811.	200	"	
Goudron, gaudron ou goustran, le baril de 120 à 150 kilogrammes.		"	75	
Gourre ou tamarin confit avec le sucre.	D. 8 février 1810.	61	20	
Grabeau ou Pousse, résidu des drogues lorsqu'on en a séparé le meilleur ; comme les drogues dont il est le résidu.				
Graines d'agnus castus, allière, angélique, anis, apocin, argentine, cartami, carvi, cévadille, coriandre, coton, daucus ; d'écarlatte, de fenouil, et gremil ; V. Agnus castus, Allière, Angélique, etc., etc.				
——— d'Avignon ; à Graine jaune.				
——— d'espacette, de foin, sainfoin, luzerne, trèfle, et autres propres à semer dans les prairies.		B.		
——— de genièvre.		B.		
——— de jardin, de toutes sortes.		B.		
——— jaune ou d'Avignon.		B.		
——— de lin, navette, rabette, colza, et autres propres à faire l'huile.		"	71	
——— de mil ou millet ; V. Alpiste.				
——— de moutarde ; comme Sennevé.	Lett. 4 prair. 12.			
——— de myrtille.		B.		
——— de nigelle, d'orobe ; V. ces mots.				
——— de paradis, ou maniquette ; comme droguerie omise, à la valeur.	Lett. 4 juin 1807.	20 p. %		
——— de puce ; comme droguerie omise, à la valeur.	Lett. 13 fruc. an 6.	20 p. %		
——— de sapin.	Lett. 9 janv. 1810.	B.		
——— thurique, c'est la Gomme turique ; V. Gomme.				
——— de vers à soie.		B.		
Grains (le Riz excepté) autres que ceux ci-après.	L. 24 nivose an 5.	Néant.		

DÉSIGNATION DES MARCHANDISES.	TITRES DE PERCEPTIONS. DROITS ACTUELS.			Droits établis depuis l'impression.
Grains du royaume d'Italie	C. 30 octob. 1810.	B.		
——— de verre, excepté ceux ci-après; à Mercerie.				
——— de verre des fabriques du royaume d'Italie	Traité 20 juin 1808.	20	//	
Graisses de toutes sortes		B.		
Gravelle		B.		
Grelots; à Mercerie.				
Grémil ou herbes aux perles (Graine ou semence de)	D. 8 février 1810.	3	06	
Grenadier (Ecorce de)		B.		
Groisil ou verre cassé		B.		
Groison		2	55	
Gruau d'avoine; V. Avoine.				
——— de blé noir	Lett. 29 frim. an 8.	B.		
Guedasses; V. Potasses.				
Guelde; V. Pastel.				
Guimauve (fleurs et racine de)	D. 8 février 1810.	5	10	
——— (suc de)	Idem	24	48	
Guy de chêne	Idem	36	72	
Gyp ou Guyps cristallisé, propre à mouler et à couler de petits ouvrages de sculpture		3	06	
——— ou Guyps commun ou pierre à plâtre, qui, dans quelque contrée, s'emploie à l'engrais des prairies artificielles	Lett. 16 sept. 1813.	B.		
H.				
Habillemens neufs à l'usage des hommes et des femmes, et ornemens d'église, à *la valeur.*		15 p. %		
S'ils étaient en laine, coton et poil, comme étoffes		P.		
——— vieux		51	//	
——— à l'usage des voyageurs, et ayant servi, quoiqu'ils n'accompagnent pas les voyageurs, dès qu'ils sont dans une même malle avec d'autres effets, et qu'ils n'excèdent pas le nombre de six. (*Loi du 1.er août 1792*)	D. M. 27 niv. an 8.	Néant.		
Harengs saurs, comme poisson sec	D. M. 19 mai 1811.			
Harnais de chevaux, excepté ceux ci-après; *à la valeur.*		15 p. %		
——— en cuirs et tous autres objets de sellerie	L. 10 brum. an 5.	P.		
Havresacs en cuir	Idem	P.		
Héliotrope		B.		
Hématite (*Pierre*)		1	02	
Herbage frais; V. Légumes verds.				
Herbe jaune		B.		
——— de maroquin		B.		
——— médicinales non dénommées	D. 8 février 1810.	6	12	
——— de pâturage; V. Foin.				
——— aux perles; V. Gremil.				
——— propres à la teinture, non-dénommées dans le tarif		B.		
——— aux vers; V. Tanesie.				
——— vulnéraires; V. Vulnéraires.				
Hermodate	D. 8 février 1810.	8	16	
Histoire naturelle, autre que celle ci-après		B.		
——— destinée pour le Muséum	D. M. 12 mess., 6.	Néant.		
Horlogerie (ouvrages d'), autre que celle ci-après	L. 10 brum. an 5.	P.		
——— (fourniture d'), dont les pieces réunies ne peuvent former des mouvemens complets, à la valeur	D. M. 8 germ., 9.	10 p. %		
Horloges de bois *à la valeur*	D. 7 mess., an 5.	10 p. %		

DÉSIGNATION DES MARCHANDISES.	TITRES DE PERCEPTIONS. DROITS ACTUELS.			Droits établis depuis l'impression.
		F.	C.	
Horloges à sable ; V. Mercerie.				
Houatte, houette de coton ; comme coton.				
——— de soie		61	20	
Houblon		B.		
Houille ou Charbon de terre ; V. Charbon de terre.				
Houppes à cheveux, de duvet ; à Mercerie.				
Housses de chevaux ; comme Harnais	L. 1.er août 1793.			
Howes, bisquains ou housses de chevaux, en peaux d'agneaux, de brebis ou moutons, passées en mégie avec la laine	L. 10 brum., an 5.	P.		
Huiles.				
1.° *A l'usage de la médecine et des parfumeurs.*				
Huile d'ambre ; au net	D. 8 février 1810.	204	//	
——— d'ambre jaune, carabé ou succin ; au net	Idem.	102	//	
——— d'anis ou de fenouil ; au net	Idem.	408	//	
——— d'asphaltum	Idem.	73	44	
——— d'aspic	Idem	30	60	
——— de cacao, ou beurre de cacao ; au net	Idem.	91	80	
——— de cade, de cédria et d'oxicèdre	Idem.	8	16	
——— de canelle ; au net	Idem.	816	//	
——— de carabé ; V. Huile d'ambre jaune.				
——— de cerf ; V. Cerf.				
——— de citron ou d'orange ; au net	Idem.	102	//	
——— de fenouil ; V. Huile d'anis.				
——— de gayac ; au net	Idem.	102	//	
——— de genièvre ou sandarac	Idem.	61	20	
——— de gérofle ; au net	Idem.	816	//	
——— de gland	Idem.	30	60	
——— de jasmin et autres fleurs ; au net	Idem.	102	//	
——— de lavande	Idem.	61	20	
——— de laurier	Idem.	40	80	
——— de macis ; au net	Idem.	816	//	
——— de marjolaine	Idem.	73	44	
——— de muscade ; au net	Idem.	612	//	
——— d'oliette	Idem.	16	32	
——— d'orange ; V. Huile de citron.				
——— d'oxicèdre ; V. Huile de cade.				
——— de palma-christi	Idem.	36	72	
——— de palme	Idem.	20	40	
——— de pavot blanc	Idem.	16	32	
——— de pétrole	Idem.	24	48	
——— de pignons	Idem.	36	72	
——— de Rhodes ou essence de Rhodes ou Rhodium ; au net	Lett. 16 oct. 1810.	97	92	
——— de riccin ; comme huile de palma-christi	Lett. 2 mai 1811.			
——— de roses ; comme essence de roses ; au net	Lett. 1.er juin 1810.	97	92	
——— de sandarac ; V. Huile de genièvre.				
——— de sassafras	D. 8 février 1810.	61	20	
——— sauge	Idem.	73	44	
——— de soufre	Idem.	73	44	
——— succin ; V. Huile d'ambre jaune.				
——— de tartre	Idem.	44	88	
2.° *Huiles comestibles, ou pour les fabriques.*				
Huile d'olive fine	L. 30 avril 1806.	20	//	
——— d'olive commune, et seulement propre aux fabriques	Idem.	12	//	

DÉSIGNATION DES MARCHANDISES.	TITRES DE PERCEPTIONS. DROITS ACTUELS.	F.	C.	Droits établis depuis l'impression.
Huile d'olive du crû du royaume d'Italie ; la moitié des droits ci-dessus	Traité 20 juin 1810.			
——— de Corse	D. 24 avril 1811.	B.		
(V. Amandes de Corse.)				
—— de cheval		9	18	
—— de foie de Berge ; comme huile de poisson	Lett. 29 nov. 1810.	25	//	
—— de graines		9	18	
—— de noix		9	18	
—— de poisson	D. 12 sept. 1810.	25	//	
—— de vitriol ; V. Aigre.				
Huîtres fraîches ... *le mille en nombre.*		5	//	
——— marinées		12	24	
Hyacinthe	D. 8 février 1810.	32	64	
Hypocistis	Idem.	12	24	
I.				
Jalap ; au net.	Idem.	100	//	
Jaune minéral ; comme droguerie omise ... *à la valeur.*	Lett. 18 mai 1812.	20 p. %		
Jays ou Jayet brut	L. 11 mai 1792.	B.		
——— travaillé	Idem.	20	40	
Jetons de nacre d'or et d'ivoir; à Mercerie.				
——— en cuivre doré	L. 10 brum. an 5.	P.		
Imbratta, pâte faite avec du sable, de l'eau et la partie huileuse des laines préparées pour être tissées, servant à la fabrication du savon; comme matière non ouvrée, omise ... *à la valeur.*	Lett. 2 sept. 1811.	5 p. %		
Impératoire	D. 8 février 1810.	6	12	
Inde-plate ; comme droguerie omise ... *à la valeur.*	Lett. 14 sept. 1808.	20 p. %		
Indigo ... *le kilog.* Ce droit n'est point passible du décime additionnel. (*C. du 24 avril 1814.*)	O. R. 23 avril. 1814.	3	//	
Instrumens aratoires ; V. Quincaillerie.				
——— d'astronomie, de chirurgie, de mathématiques, navigation, optique et physique .. *à la val.*		10 p. %		
——— de musique ; la pièce :				
Fifres, flageolets, galoubets		//	65	
Flûtes et poches		//	75	
Cistres, mandolines, psaltériums, tambours, tambourins et tympanons		1	50	
Alto, violes, violons, bassons, cors de chasse, guitares, serinettes, serpens et trompettes		3	//	
Clarinettes et haut-bois		4	//	
Vieilles simples		5	//	
Basses et contrebasses		7	50	
Epinettes, orgues portatives et vielles organisées		18	//	
Forte-piano et harpes		36	//	
Clavecins		48	//	
Orgues d'église ... *à la valeur.*		12 p. %		
——— de musique non dénommés ... *à la valeur.*		12 p. %		
Joaillerie ; comme or en ouvrages d'orfèvrerie, ou comme argent ouvré, suivant la matière dont elle est composée.				
Joncs pour cannes	D. 8 février 1810.	200	//	
—— montés autrement qu'en cuivre ou acier .. *à la val.*	Lett. 17 juill. 1807.	15 p. %		
—— montés en cuivre ou acier	Idem.	P.		
—— de marais ; comme omis ... *à la valeur.*	Lett. 10 messid. 10.	3 p. %		

DÉSIGNATION DES MARCHANDISES.	TITRES DE PERCEPTIONS. DROITS ACTUELS.	F.	C.	Droits établis depuis l'impression.
Journaux ; V. Gazettes.				
Ipécacuanha ; au net. .... *le kilog.*	D. 12 sept. 1810.	12	//	
Iris.	D. 8 février 1810.	60	//	
—— du pays ; V. Glayeul.				
Juncus odoratus.	Idem.	36	72	
Jus de limon et de citron.		B.		
—— de réglisse.	Idem.	48	//	
Ivoire ; V. Dents d'éléphant.				
K.				
Kamine mâle, ou Beurre de pierre.		6	12	
Karabé ; V. Carabé.				
Kermès ou graine d'écarlatte ; V. Alkerme.				
Kirschwaser. .... *le litre.*	L. 30 avril 1806.	1	//	
L.				
Labdanum naturel et non apprêté.	D. 8 février 1810.	24	48	
——— liquide et purifié ; au net.	Idem.	91	80	
Lacets de fil, comme Rubans de fil.	L. 1.er avril 1792.			
——— de toute autre espèce ; comme passementerie...	C. 22 messid. an 8.			
Laines non filées, sauf celles ci-après.		B.		
——— mérinos pures et métisses lavées, venant des états du Nord.	D. 2 décemb. 1811.	30	//	
——— communes venant des mêmes pays.	Idem.	10	//	
——— non filées, teintes.	L. 1.er août 1792.	73	44	
——— filées.	L. 10 brum. an 5.	P.		
——— (bourre de).		B.		
Laiton ou cuivre jaune en lingots ou mitraille ; comme cuivre rouge brut.	L. 1.er août 1792.			
——— ou cuivre jaune battu et laminé en planches de toutes dimensions, gratté, noir et décapé...		30	60	
——— ou cuivre jaune ouvré.	L. 10 brum. an 5.	P.		
——— noir (fil de) ou laiton filé noir.	D. 3 octob. 1811.	24	//	
——— poli (fil de).	Idem.	P.		
Langues, noos ou noves et tripes de morues......	D. 12 sept. 1810.	10	//	
Lanternes communes ; à Mercerie.				
Lapis entalis.	D. 8 février 1810.	8	16	
—— lazuli ; V. Azur de roche fin.				
Laque colombine sèche.	Idem.	10	20	
——— liquide.	Idem.	1	02	
——— plate de Venise.	Idem.	10	20	
Lard frais.		B.		
—— salé.	L. 19 mai 1813.	B.		
Lavande sèches (fleurs de).	D. 8 février 1810.	12	24	
Légumes secs de toutes sortes.		//	51	
——— verds et herbages frais.		B.		
Levain de bierre ; comme omis au tarif. ... *à la valeur.*	D.M. 8 germ. an 10.	3 p. %		
Librairie ; (1) savoir :				

(1) Aucun livre imprimé ou réimprimé hors de France, ne peut être importé sans une permission du Directeur général de la Librairie, annonçant le bureau par lequel il entrera. [*D. du 5 février* 1810, *art.* 36.] En conséquence, tout ballot de livres venant de l'étranger sera mis, par les préposés des douanes, sous cordes et sous plombs, et envoyé à la Préfecture la plus voisine. [*Même D., art.* 37.]

La librairie étrangère doit, indépendamment des droits de douanes, un droit spécial pour la Direction générale de la librairie ; ce droit, qui n'est point soumis au décime par franc, a été fixé par Décret du 12 septembre 1811 ; savoir : à 150 fr. par quintal métrique sur la librairie en langue française, et à 75 cent. par kilogr. sur celle en langues vivantes et étrangères.

Les livres que les voyageurs portent avec eux, pour leur usage, sont dispensés de toutes formalités. [*C.* 30 *mai* 1811.]

D

DÉSIGNATION DES MARCHANDISES.	TITRES DE PERCEPTIONS. DROITS ACTUELS.			Droits établis depuis l'impression.
		F.	C.	
en langue française		12	24	
en langues étrangères		B.		
en langues savantes	L. 1.er août 1792.	B.		
Lichen		B.		
Lie d'huile; V. Faisse.				
—— de poisson; comme Huile de poisson.	Lett. 12 germ. an 13.			
—— de vin		B.		
—— brûlé; comme cendres gravelées.				
Liége en table ou en planche	L. 30 avril 1806.	6	//	
—— ouvré; comme Bouchons de liége.				
Lierre (feuille de)		B.		
Lignes; à Mercerie.				
Limailles d'acier et d'aiguilles		3	06	
—— de cuivre		B.		
—— de fer		2	04	
Limes; V. Quincaillerie.				
Limons; V. Fruits.				
—— (jus de); V. Jus.				
Lins cruds, tayés ou apprêtés		B.		
Linge en pièce, damassé ou autrement ouvré, de chanvre et de lin seulement	L. 3 frim. an 5.	61	20	
—— confectionné en nappes, serviettes, chemises, etc., également de chanvre et de lin seulement.	C. 5 frimaire an 5.	153	//	
—— de lit et de table supporté, à l'usage des voyageurs; (2) comme omis au tarif... *à la valeur.*	D. M. 2 fruct. an 5.	10 p. $\frac{0}{0}$		
—— dans lequel il entre du coton	L. 30 avril 1806.	P.		
—— vieux ou drilles		B.		
Lingots d'or et d'argent; V. Or et Argent.				
Linon et Batiste. *le kilog.*		12	24	
Liqueurs et ratafias de toutes sortes *le litre.*	L. 8 floréal an 11.	1	50	
Listonnerie; V. Passementerie.				
Litharge naturelle et artificielle	D. 23 oct. 1811.	10	//	
Livres avec gravure ou estampes:				
Comme *estampes*, lorsqu'elles constituent essentiellement le prix d'un livre dont le texte ne sert qu'à les expliquer	L. 1.er août 1792.			
Comme *librairie*, si les estampes et cartes géographiques ne sont qu'un accessoire d'un prix modique	Idem.			
—— reliés; comme Librairie	Idem.			
Loup (dents de)		1	53	
Lunettes de spectacle; comme Mercerie fine.	Lett. 5 juill. 1808.			
Lys de vallée; V. Muguet.				
M.				
Macis; au net *le kilog.*	D. 8 février 1810.	20	//	
Mâchefer		B.		
Madriers; à Bois.				
Magalaise ou Manganèse		B.		
Magnésie; comme Sel volatil	L. 1.er août 1792.			
Malherbe, herbe pour la teinture		B.		
Malicorium; V. Ecorce de grenade.				
Malles; comme Coffres; à Mercerie.				
Manchons; V. Pelleterie.				

(2) Les caleçons et chemises dans une quantité relative au nombre des habits, dont l'entrée est permise, sont exempts de tous droits. [*D. M. du 27 nivose an 8.*]

DÉSIGNATION DES MARCHANDISES.	TITRES DE PERCEPTIONS. DROITS ACTUELS.	F.	C.	Droits établis depuis l'impression.
Manganaise; V. Mangalaise.				
Manicordium; V. Cordes métalliques.				
Maniquettes; V. Graine de Paradis.				
Manne.	D. 8 février 1810.	80	//	
Marbre brut. *le décimètre cube.*	L. 30 avril 1806.	0	06	
——— ouvré. *le décimètre cube.*		0	12	
Les carreaux de marbre sont compris sous cette dénomination. (*Lett. 9 août* 1809.)				
Marc d'olives; V. Amurca.				
Marcassites d'or, d'argent, de cuivre.		16	32	
——— (ouvrages à); V. Ouvrages.				
Marly de fil; comme omis. *à la valeur.*	D.M. 27 avril 1808.	10 p. %		
——— de soie; V. Gazes de soie.				
Marqueterie (ouvrages de). *à la valeur.*		15 p. %		
Marrons; à Fruits.				
Marum (feuilles de).	D. 8 février 1810.	8	16	
Masques pour bal; à Mercerie.				
Massicot.	Idem.	36	72	
Matelas en coton; comme Coton.	Lett. 9 janv. 1810.			
——— de laine; comme omis. *à la valeur.*	Idem.	10 p. %		
Mâts pour vaisseaux.		B.		
Maurelle; V. Tournesol.				
Mèches soufrées, soufre en mèches et mèches de soufre. *à la valeur.*	Lett. 22 mess. an 8.	10 p. %		
Mechoacham ou Rhubarbe blanche.	D. 8 février 1810.	10	20	
Médailles d'or et d'argent.		B.		
——— de cuivre.	L. 10 brum. an 5.	P.		
La prohibition n'affecte point les médailles antiques ou celles frappées relativement à des événemens survenus dans les pays étrangers, et qui seroient de différentes formes et en foible nombre pour chaque espèce. (*C. 26 juin* 1806.)				
Médicamens composés.		P.		
Les substances médicinales en poudre sont comprises dans cette prohibition. (*D. M. 16 février* 1813.)				
Mélasse.	L. 8 floréal an 11.	P.		
Mercerie commune.	L. 30 avril 1806.	60	//	
Elle se compose des objets ci-après; savoir:				
Aiguilles de toutes sortes; ambre jaune travaillé.				
Battefeux et briquets limés; boîtes de sapin peintes; boîtes ferrées; bois de miroirs non enrichis; bougettes; bourses de cuir, de fil et de laine; boutons de manches d'étain et autres métaux communs; brosserie.				
Cadrans d'horloge et de montre; chapelet de bois de rocaille; coffres non garnis; colliers de perles et de pierres fausses; compas; cornets à jouer, de corne ou de cuir.				
Dés à coudre, en corne, cuivre, fer, os et ivoire; dés à jouer; dominoterie.				
Ecritoires simples; éperons communs; éventails communs.				
Feuilles d'éventails; fouets; fourreaux d'épées; fournimens à poudre; fuseaux.				
Gaînes; gibecières; grains de verre de toute sorte (à l'exception de ceux des fabriques du royaume d'Italie); grelots.				
Hameçons; horloges à sable; houpes à cheveux, de duvet.				
Jetons de nacre, d'os et d'ivoire.				

DÉSIGNATION DES MARCHANDISES.	TITRES DE PERCEPTIONS. DROITS ACTUELS.			Droits établis depuis l'impression.
		F.	C.	
Lanternes communes; lignes de pêcheurs.				
Masques pour bal; moulins à café et à poivre.				
Ouvrages de buis; ouvrages en cuivre et fer, tels que chandeliers, flambeaux, mouchettes, tire-bouchons, anneaux, et autres de même espèce; ouvrages menus d'étain, comme cuillers, fourchettes, etc.				
Peignes de buis, de corne et d'os; perles fausses; pipes à fumer.				
Ramonettes; raquettes.				
Sifflets d'os et d'ivoire; soufflets.				
Tambours, tamis.				
Volans.				
Merceries fines et autres non dénommées dans le présent tarif. .... *à la valeur.*		15 p. %		
——— en soie; comme bourses à cheveux, mouches, etc.; au net. .... *le kilogr.*		12	//	
Mercure; V. Argent vif.				
——— précipité.	D. 8 février 1810.	61	20	
——— sulfuré rouge; V. Cinabre.				
Merluche ou Morue sèche; comme morue.	C. 25 germ. an 12.			
Merrain; V. Bois.				
Mesures; V. Poids.				
Métal de cloches.	D. 12 janv. 1813.	2	//	
Les cloches cassées sont comprises sous cette dénomination. (*C. 6 décembre* 1808.)				
——— de Manheim; V. Tombac.				
——— non ouvré; V. Bronze.				
——— de prince; V. Tombac.				
Métiers à faire bas et autres ouvrages..... *à la valeur.*		15 p. %		
Meubles de toute sorte; autres que ceux ci-après. *à la val.*		15 p. %		
——— et effets appartenant à des Français qui, ayant demeuré à l'étranger, reviennent en France, ou à des étrangers qui viennent s'établir dans dans le royaume (3).	D. M. 17 oct. 1791.	B.		
Meules de moulin; savoir:				
Au-dessus d'un mètre 95 centimètres de diamètre. .... *la pièce.*		7	50	
D'un mèt. 95 c. à un mèt. 30 c.... *la pièce.*		5	//	
Au-dessous d'un mèt. 30 cent..... *la pièce.*		2	50	
——— à taillandier; savoir:				
D'un mèt. 22 cent. à un mèt. 08 cent. de diamètre. .... *la pièce.*	L. 1.er août 1792.	2	50	
D'un met. 07 cent. à 92 cent...... *la pièce.*	Idem.	1	75	
——— 91 ——— 68 cent...... *la pièce.*	Idem.	1	//	
——— 67 ——— 54 cent...... *la pièce.*	Idem.	//	40	
——— 53 ——— 40 cent...... *la pièce.*	Idem.	//	20	
——— 39 ——— et au-dessous.. *la pièce.*	Idem.	//	10	
Meum d'athamante.	D. 8 février 1810.	4	08	
Mica; V. Talc.				
Miel.	Idem.	12	24	
Millet; V. Alpiste.				

(3) L'admission ne peut avoir lieu qu'après que le détail des caisses ou ballots qu'on se propose d'introduire aura été adressé à l'Administration des Douanes; dans aucun cas, cette faveur ne peut porter sur les vins, liqueurs et étoffes neuves, vêtemens et argenterie neufs. Pour jouir, au surplus, du bénéfice de cette décision, les Français qui rentrent en France sont tenus de justifier de la sortie primitive de leurs meubles et effets, et les étrangers qui viennent s'y établir de constater leur établissement formé en France par un certificat du Maire du lieu de leur nouveau domicile. [*Lett. 1.er floréal an 9.*]

DÉSIGNATION DES MARCHANDISES.	TITRES DE PERCEPTIONS. Droits actuels.	F.	C.	Droits établis depuis l'impression.
Mine de plomb noir (*carbure de fer ou fer carburé*)....	D. 8 février 1810.	3	06	
——— fer, brute et lavée....		B.		
Minium....	Idem.	12	//	
Miroirs; V. Glaces.				
Mirrhe (gomme de)....	Idem.	16	32	
Mitraille de cuivre rouge....		B.		
——— laiton ou cuivre jaune....	L. 1.er août 1792.	B.		
——— plomb; V. Plomb.				
Modes (ouvrages de).... *à la valeur.*		12 p. %		
Molybdène, dur ou tendre; comme omis, à la valeur..	Lett. 10 sep. 1808.	5 p. %		
Momies, corps embaumés....		B.		
Monnoies de cuivre et de billon étrangères....	D. 11 mai 1807.	P.		
——— métal, sous quelque forme ou dénomination que ce soit....	Loi 3 sept. 1792.	P.		
Montres....	Loi 10 brum. an 5.	P.		
Morilles et Mousserons, espèces de champignons.....		24	48	
Morphil; à Dents d'éléphant.				
Mortiers; à Munitions.				
Morues....	D. 12 sept. 1810.	10	//	
Mottes à brûler....		B.		
Mouchoirs dans lesquels il entre du coton....	L. 30 avril 1806.	P.		
——— de fil de lin blanc, brodés en fil.... Si la broderie étoit en coton ils seroient prohibés. (*C. 9 janvier* 1813.)	D. 22 déc. 1812.	150	//	
——— de pur fil teints ou imprimés; comme Toiles de pur fil peintes ou teintes.				
——— grossiers blancs rayés de rouge, et mouchoirs à carreaux de pur fil; comme Toiles à matelas....	Lett. 24 févr. 1807.			
——— de soie et de filoselle, autres que ceux ci-après.	D. 23 juillet 1811.	P.		
——— de soie du grand-duché de Berg; comme Mercerie en soie; au net.... *le kilog.*		12	//	
Moules de boutons....		6	12	
Moulard ou terre cimolée; V. Terre.				
Moulins à café et à poivre; à Mercerie.				
Mousses d'Islande et de roche; comme Lichens....	D.M. 31 janv. 1811.	B.		
——— marine; V. Coraline.				
Mousselines....	L. 30 avril 1806.	P.		
Mousselinettes....	L. 10 brum. an 5.	P.		
Mousserons; à Morilles.				
Moût; V. Vendange.				
Moutarde....		12	24	
Moutons; à Bestiaux.				
Mouvemens de montre....	L. 10 brum. an 5.	P.		
Muguet ou Lys de vallée, (fleurs de)....		6	12	
Mules et Mulets.... *la pièce.*		1	//	
Munitions de guerre, à l'exception de la poudre à tirer; savoir: (4)				
Balles de fusils et pistolets....	L. 8 floréal an 11.	9	18	
Bombes, boulets de canons, grenades et mortiers.	Idem.	3	6	
Canons de fer....	Idem.	3	06	
——— fonte....	Idem.	9	18	
——— fusils....	Idem.	48	96	
——— pistolets....	Idem.	97	92	
——— de guerre constituant l'armement d'un navire de prise.... V. Agrès.	Lett. 1.er mars 1811.	B.		

(4) V. la note au mot *armes*.

DÉSIGNATION DES MARCHANDISES.	TITRES DE PERCEPTIONS. DROITS ACTUELS.	F.	C.	Droits établis depuis l'impression.
Muriate d'ammoniaque; V. Sel ammoniac.				
——— de mercure corrosif et doux; V. Sublimé.				
——— de soude; V. Sel marin.				
——— de soude fossile; V. Sel gemme.				
Musc; au net............................ *le kilogr.*	L. 30 avril 1806.	120	//	
Muscade; au net............................	D. 5 août 1810.	2000	//	
——— sauvage; comme droguerie omise, *à la valeur.*	Lett. 5 mai 1809.	20 p. %		
Musique gravée; comme Estampes..................	L. 1.er août 1792.			
Myrobolans non confits............................	D. 8 février 1810.	14	28	
——— confits............................	Idem..........	61	20	
N.				
Nacre de perle (coquilles de)........................	D. 12 sept. 1810.	200	//	
Nankinettes............................	L. 10 brum. an 5.	P.		
Nankins étrangers............................ *le mètre.*	O. R. 20 av. 1814.	//	50	
Naphe ou Naphte............................		5	06	
Nard celtique; V. Spica celtica.				
—— indien; V. Spica Nardi.				
Natrum; V. Anatrum.				
Nattes de jonc............................		8	16	
——— de paille, de roseaux et autres plantes et écorces. On ne doit pas ranger dans cette classe les tissus d'écorces de bois destinés à des ouvrages délicats, tels que chapeaux de femmes. (*Lett. 18 prairial an 13*); V. Ecorces.		2	04	
Navires; V. Bâtimens de mer.				
Nénuphar............................	D. 8 février 1814.	5	06	
Nerfs de bœufs et autres animaux..................		B.		
Nerprun............................		B.		
Nigelle romaine (graine de)........................		18	36	
Nitrate de potasse; V. Salpêtre.				
——— de potasse raffiné; V. Sel de nitre.				
Nitre; V. Salpêtre.				
—— (Sel de); V. Sel.				
Noir d'Espagne............................	D. 8 février 1814.	14	28	
Noir de fumée, de terre et de corroyeurs............	Idem..........	4	08	
—— d'ivoire............................	Idem..........	61	20	
—— de teinturier, d'Allemagne, d'os et de cerf.......	Idem..........	6	12	
Noisettes et Noix; à Fruits.				
Noix de Corse............................ V. Amandes de Corse.	D. 24 avril 1811.	B.		
—— d'acajou, de ben, de coco; V. ces mots.				
—— de cypres............................	D. 8 février 1810.	4	08	
—— de galle............................	Idem..........	4	08	
—— de galle légères; V. Galles légères.				
—— Noix vomiques............................	Idem..........	4	08	
—— vomiques pulvérisées; comme Drogueries omises. *à la valeur.*	Lett. 6 mai 1808.	20 p. %		
Noos ou Noves de morues; V. Langues.				
O.				
Ocre jaune et rouge............................		0	51	
Oculi cancri............................	D. 8 février 1810.	16	32	
Oeufs de volaille et de gibier......................		B.		
Oignons de fleurs............................		B.		
Olives et Picholines; à Fruits.				
Opium; au net............................	D. 8 février 1810.	200	//	

DÉSIGNATION DES MARCHANDISES.	TITRES DE PERCEPTIONS. DROITS ACTUELS.			Droits établis depuis l'impression
		F.	C.	
Or brûlé, en barres, en masse, lingots et monnoyé, et bijous cassés		B.		
— en ouvrages d'orfévrerie ... *à la valeur.*		10 p. %		
(V. la note à Argenterie de toutes sortes.)				
— en feuilles battu; au net ... *l'hectog.*		26	11	
— en trait battu, en paillettes ou clinquant; au net. *l'hect.*		6	53	
— filé ou fil d'or fin; au net ... *l'hect.*		4	90	
— faux en barres et en lingots		73	44	
— faux en feuilles, paillettes, clinquant, trait et battu.		142	80	
— faux filé, ou filé d'or faux		163	20	
— faux, filé sur soie		P.		
Oranges; à Fuits.				
Orcanette	D. 8 février 1810.	1	02	
Oreillons ou Orillons		B.		
Orge perlé ou mondé	L. 30 avril 1806.	12	//	
Ornemens d'église; V. Habillemens.				
Orobe (graine ou semence d')	D. 8 février 1810.	2	04	
Orpiment (*Oxide d'arsenic sulfuré jaune*)	Idem	1	02	
Orseille	D. 12 sept. 1810.	200	//	
Ce qui s'applique à la poudre nommée *cudbéar*, provenant de l'orseille desséchée	Lett. 8 janv. 1811.			
Orseille non apprêtée; comme Lichen	D.M.31 janv.1811.	B.		
Os de bœufs, de vaches et autres animaux		B.		
— de seiche		1	02	
Osiers en bottes		B.		
Ouattes; V. Houattes.				
Outils pour la fabrication de la chandelle; comme omis ... *à la valeur.*	Lett. 14 frim. an 9.	10 p. c.		
——— pour les arts et métiers; V. Ouvrages en acier.				
——— propres à peigner le chanvre; V. Serans.				
Outremer; au net ... *le kilogr.*	D. 8 fév. 1810.	61	20	
Ouvrages en acier, airain, cuivre, étain, fer, fer-blanc, fonte, tôle ou autres métaux polis ou non polis, purs ou mélangés	L. 10 br. an 5.	P.		
L'article 1.er de la loi du 19 pluviose an 5, excepte les objets compris dans la classe de la mercerie commune, les armes de guerre, les instrumens aratoires et les outils pour les arts et métiers, de quelque matière qu'ils soient composés.				
——— en bois, en marbre et en pierres... *à la valeur.*		15 p. c.		
——— en bronze; V. Bronze.				
——— en buis; à Mercerie.				
——— de corderie; à Cordages.				
——— de cordonnerie et autres en cuir	L. 10 brum. an 5.	P.		
——— de ganterie; à Gants.				
——— d'horlogerie; V. Horlogerie.				
——— en marbre; V. Ouvrages en bois, marbre, etc.				
——— de marroquin	Idem	P.		
——— de marqueterie; V. Marqueterie.				
——— de modes; V. Modes.				
——— d'orfévrerie en or; V. Or en ouvr. d'orfévrerie.				
——— d'osier		15	30	
——— de paille, de jonc et de palme, autres que ceux dénommés		12	24	
——— de peaux, consistant en gants; culottes ou gilets	Idem	P.		
——— en peau marroquinée	Idem	P.		
——— en pelleterie; V. Pelleterie.				
——— en pierres; à Ouvrages en bois; etc.				

DÉSIGNATION DES MARCHANDISES.	TITRES DE PERCEPTIONS. DROITS ACTUELS.			Droits établis depuis l'impression.
		F.	C	
Ouvrages à pierres de composition, marcassites ou autres, montées sur étain, cuivre argenté ou doré, ou sur or ou sur argent... *à la valeur.*		5 p. c.		
——— en plaqué	L. 10 brum. an 5.	P.		
——— de sellerie	Idem	P.		
——— de serrurerie	Idem	P.		
——— de toiles; comme linge de table, chemises, etc., etc.; V. Linge confectionné.				
Oxide d'arsenic sulfuré jaune, de cobalt, de fer rouge; V. Orpiment, Safre et Calcanthum.				
P.				
Pailles d'acier et de fer		//	51	
——— de blé et autres grains		B.		
——— de squenante; V. Squœnante.				
Pain	Lett. 2 avril 1807.	B.		
——— à cacheter; comme mercerie commune	L. 1.er août 1792.	60	//	
——— d'épice		6	12	
——— de navette, lin et colza		B.		
Paines, V. Pennes.				
Palma-Christi; V. Catapuce.				
Paniers en bois; comme ouvrages en bois. . *à la valeur.*	L. 24 juillet 1811.	15 p. c.		
——— en osier; V. Ouvrages d'osier.				
——— de roseaux; comme Ouvrages de palme, jonc et paille	Lett. 13 août 1811.	12	24	
Papier blanc de toutes sortes	L. 1.er août 1792.	61	20	
——— à cautère; comme papier blanc	Même loi.			
——— de la Chine	D. 8 février 1810.	367	20	
——— doré et argenté, uni et à fleurs d'or et d'argent; papier marbré; papier à fleurs; papier uni, peint en bleu, jaune, vert, rouge; papier imitant le bois, et autres qui se vendent à la main et non en rouleau	L. 1.er août 1792.	73	44	
——— de musique; comme Estampes	Même loi.			
——— de pâte grise, noire, bleue, et papier brouillard..	Même loi	36	72	
——— tontisse peint, imitant le damas, la moire, le gros-de-tours et toute autre étoffe; papier à dessin et à ramage, d'une ou plusieurs couleurs, ou imitant l'architecture et servant à tapisser ou à décorer les appartemens, et qui se vendent en rouleaux	Même loi	91	80	
Parapluies de toile cirée. *la pièce.*		//	75	
Parasols de taffetas *la pièce.*		2	//	
Parchemin neuf brut		B.		
——— travaillé		12	24	
——— (rognures de)		B.		
Pareira brava	D. 8 février 1810.	8	16	
Parfums non dénommés		102	//	
Pas-d'âne; V. Tussilage.				
Passementerie et listonnerie, comme galons, ganses, jarretières, aiguillettes, franges, rubans, et tous autres ouvrages de passementerie et rubannerie; savoir :				
En or et argent fin. *le kil. net.*		30	60	
——— faux		306	//	
En soie, avec or et argent fin *le kil. net.*		24	48	
——— sans or ni argent *le kil. net.*		15	30	
——— et coton	L. 10 brumaire...	P.		

DÉSIGNATION DES MARCHANDISES.	TITRES DE PERCEPTIONS. DROITS ACTUELS.	F.	C.	Droits établis depuis l'impression.
En matières mêlées, non prohibées; le kilog. net, lorsqu'il y a de la soie; brut, lorsqu'il n'y en a pas........................		7	14	
Passepierre ou Percepierre........................	D. 8 février 1810.	3	06	
Pastel ou Guelde........................		B.		
——— d'écarlatte........................		B.		
——— (crayons de)........................	Même décret.....	20	40	
Pâtes d'amandes et de pignons........................		12	24	
—— de cacao; V. Chocolat.				
—— d'Italie........................	L. 30 avril 1806.	20	//	
—— de papier; V. Cartons gris.				
—— de tournesol........................	D. 8 février 1810.	20	//	
Patience........................	Même décret.....	4	08	
Patins; V. Quincaillerie.				
Pattes de lion........................	Même décret.....	4	08	
Pavot rouge ou coquelicot (fleurs de)........................	Même décret......	4	08	
Pavés ou pierres de grès........................		B.		
Peaux de cagneaux bleus, lions et ours marins......		8	16	
——— de chiens de mer........................		8	16	
——— de cochons non apprêtées; comme omise. *à la val.*	Lett. 6 avril 1806.	3 p. c.		
——— de cygne et d'oie, propres à faire éventails, connues dans le commerce sous le nom de peaux blanches d'Italie........................	D.M. 5 therm. an 12.	306	//	
——— salées et en verd........................		B.		
——— sèches en poil, ayant leurs analogues dans les cuirs; comme Cuirs secs.				
——— de veaux........................	C. 28 fruct. an 10.	B.		
——— de moutons........................	Lett. 24 pr. an 11.	B.		
Mais celles venant des Etats du Nord, qui sont revêtues de leur laine, doivent, en outre, le droit fixé par le décret du 2 décembre 1811, de 10 à 30 fr., d'après une évaluation approximative de la quantité de laine qui se trouve à chaque peau. (*D. M. 9 mars* 1813); V. laines communes et laines mérinos.				
——— de chèvre, sèches ou en verd........................	D.M. 30 avril 1812.	B.		
——— de cerfs........................	L. 1.er août 1811.	B.		
——— de chevreuils........................	Lett. 24 janv. 1806.	B.		
——— tannées, corroyées ou autrement ouvrées.....	L. 10 brumaire...	P.		
Les peaux d'agneaux ordinaires qui ont reçu un apprêt, y sont comprises........................	Lett. 29 juill. 1808.			
——— de toutes sortes pour gants, culottes ou gilets..	L. 10 brumaire...	P.		
Peignes de buis, de corne et d'os; à Mercerie.				
——— d'écaille........................ *le kilog.*		2	04	
——— d'ivoire........................ *le kilog.*		1	53	
Pelles de fer; comme instrumens aratoires..........	L. 1.er août 1792.			
Pelleteries.				
Peaux de blaireaux, de loutres, loups de bois et cerviers, de cygnes, de chèvres-angora, de carcajoux; la pièce........................		//	20	
——— de chats cerviers, chats tigres, de lions, lionnes, de martres de toutes espèces, d'oies, de renards de toutes espèces, de pékands, veaux, vaches et loups marins; la pièce....		//	10	
——— de chats de feu, de chats sauvages, chiens et chikakois, de fouines, de genettes, de gredbes, de marmottes, de putois; de vizons; la pièce........................		//	05	
——— d'ours et d'oursins, de toute couleur; la pièce.		//	25	

DÉSIGNATION DES MARCHANDISES.	TITRES DE PERCEPTIONS. DROITS ACTUELS.	F.	C.	Droits établis depuis l'impression.
Peaux de léopards, panthères, tigres et zèbres; la pièce.		//	50	
——— d'hermines blanches et lasquettes; le timbre de 40 peaux		2	//	
——— d'hermines de terre mouchetées et bervesky, écureuils d'Amérique, palmistes des Indes; le cent en nombre		2	//	
——— de petits-gris et écureuils de toute espèce; le cent en nombre		1	//	
Les pelleteries ci-dessus dénommées paieront, à l'exception des ours, le double des droits lorsqu'elles seront apprêtées.				
——— d'agneaux, dites d'Astracan, de Russie, de Perse et de Crimée; la pièce		//	50	
——— de lièvres blancs, apprêtées; le cent en nombre.		6	//	
——— d'autres couleurs, apprêtées; la pièce.	Lett. 28 mars 1809.	//	10	
Gorges de renards, de martres et de fouines; le cent en nombre		2	//	
Queues de martres de toutes espèces; le cent en nombre		2	50	
——— de petits gris, d'écureuils, d'hermines, putois; le cent en nombre		//	25	
——— de renards, de fouines, de carcajoux, de pékands, de loups; le cent en nombre...		1	50	
Sacs ou nappes de martres de Russie, de Canada, de Suède, d'Éthiopie, d'agneaux d'Astracan, d'hermines, de lasquettes; le sac ou nappe...		5	//	
——— de dos et ventres de petits-gris, d'écureuils de toutes espèces, de lapins de toutes couleurs, de taupes, de fouines, de putois, de dos et ventres de lièvres blancs, d'hermines de terre mouchetées ou bervesky, rats palmistes des Indes, d'hamster, de dos, ventres et pattes de renard; le sac ou nappe..		1	50	
——— de castors et de rats musqués		B.		
——— de lièvres, de lapins gris, blancs, roux, de toutes espèces et couleurs, non apprêtées....		B.		
Toutes les pelleteries non dénommées dans le présent article, paieront les droits de celles auxquelles elles seront assimilées.				
Tous les ouvrages en pelleterie, comme manchons, fourrures, etc., paieront 15 p. c. de la valeur.				
——— de lapins blancs, riches, roux, noirs et bruns, apprêtées; la pièce		//	10	
Pelures de cacao; V. Cacao.				
Pendules	L. 10 brumaire...	P.		
Pennes ou Paines de laine et de fil		B.		
Percepierre; V. Passepierre.				
Perelle apprêtée; comme l'Orseille	D. M. 31 janv. 1811.	200	//	
——— non apprêtée	Même décision...	B.		
Perlasses; V. Potasses.				
Perles fausses; à Mercerie	L. 1.er août 1792.			
——— fines non montées		B.		
——— de nacre; comme Mercerie commune	Lett. 31 mai 1808.			
Perrigord ou Périgueux		B.		
Perroquets; comme omis *à la valeur.*	Lett. 4 frim an 9.	5 p. c.		
Perruques *la pièce.*		2	//	
Persil de Macédoine	D. 8 février 1810.	20	40	
Picholines; à Fruits.				
Pieds d'élan *le 100 en nombre.*		1	50	
Pierre d'aigle, V. Aigle.				

DÉSIGNATION DES MARCHANDISES.	TITRES DE PERCEPTIONS. DROITS ACTUELS.			Droits établis depuis l'impression.
		F.	C.	
Pierres à aiguiser		1	02	
——— d'aimant ; V. Aimant.				
——— arméniennes	D. 8 février 1810.	40	80	
——— à bâtir		B.		
——— à chaux ; comme chaux	L. 1.er août. 1792.			
——— de choin, même taillées sans être polies		B.		
——————— polies, en cheminées, etc. *à la valeur.*		2 ½ p. c.		
——— de composition ; V. Ouvrages.				
——— fausses ; comme perles fausses ; à Mercerie	D.M. 24 mars 1813.			
confectionnées en grains, cachets, croix, cœurs, etc., et qui ne doivent recevoir d'autre fabrication que l'anneau qui sert à les attacher... *à la valeur.*	Même décision...	5 p. c.		
——— fines, mêmes montées		B.		
——— à feu, à fusil et arquebuse, compris celles de briquet		4	08	
——— de fiel ; V. Besoard.				
——— de grès ; V. Pavés.				
——— hématite ; V. Hématite.				
——— de mangayer		//	51	
——— à plâtre		B.		
——— ponce		1	02	
——— savonneuses		B.		
——— de touche		2	04	
Pignons blancs	D. 8 février 1810.	12	24	
——— d'Inde	Idem.	16	32	
Piment ; V. Poivre.				
Pinceaux, autres que ceux de cheveux et de poils fins..		18	36	
——— de poil fin		146	88	
Pipes ; à Mercerie.				
Piqués de toutes sortes	L. 10 brum. an 5.	P.		
Pirestre	D. 8 février 1810.	10	20	
Pistaches ; V. Fruits.				
Pivoine (racines et fleurs de)	Idem.	12	24	
Planches pour l'impression des toiles. Celles en bois doivent 15 p. c. de la valeur, comme les autres ouvrages de cette matière ; si elles sont de cuivre, elles sont probibées	Lett. 27 févr. 1809.			
——— et madriers ; V. Bois.				
Plaques de cheminée ; V. Fers en fonte.				
——— cuivre, propres à faire le verdet ; V. Cuivre.				
Plaqués de toutes sortes	L. 10 brumaire. .	P.		
Platine, métal précieux	Lett. 20 juin 1807.	B.		
Plâtre		B.		
Ploc ; V. Bourre.				
—— d'autruche ; V. Autruche.				
Plomb brut et en saumon		6	12	
Ce qui comprend nécessairement le plomb vieux et le plomb en mitraille. (*Lett. 19 avril 1808.*)				
——— ouvré, laminé et en grenaille	D. 23 oct. 1811.	24	//	
——— sulfuré ou galène ; comme alquifoux	Lett. 9 mess. an 9.			
Plumes non apprêtées d'autruche, d'aigrette, d'espadon, de héron, d'oiseau couronné et autres qui entrent dans le commerce des plumassiers	L. 30 avril 1806.	500	//	
Celles d'autruche étêtées doivent le même droit.	Lett. 6 janv. 1808.			
——— des mêmes espèces, apprêtées ... *au net.*	L. 30 avril 1806	1500	//	
——— de qualité inférieure, comme petites noires, bailloques et de vautour, non apprêtées	Idem.	150	//	
Les mêmes apprêtées ... *au net.*	Idem.	500	//	
——— à écrire, brutes	Idem.	20	//	

DÉSIGNATION DES MARCHANDISES.	TITRES DE PERCEPTIONS. DROITS ACTUELS.		Droits établis depuis l'impression
		F. C.	
Plumes à écrire apprêtées .... *au net.*	L. 30 avril 1806	100 〃	
——— à lit..	Idem.	30 〃	
Poëles de tôle, à frire, avec ou sans manche de fer; comme ouvrages de fer....................	Lett. 3 avril 1809.	P.	
Poids de marc et tous autres ustensiles destinés à peser ou à mesurer suivant l'ancien usage...........	L. 18 germ. an 3.	P.	
Les poids de fonte dont les anneaux sont brisés, ne sont pas compris dans la prohibition. (*D. M.* 26 *prairial an 7.*)			
Poil d'autruche; V. Autruche.			
—- filés et en écheveaux, excepté ceux ci-après......	L. 10 brum. an 5.	P.	
—- de chèvre filé..................................	L. 30 avril 1806.	10 〃	
——— chien filé.....................................		B.	
——— loup, brut, comme omis; à la valeur.........	Lett. 24 juill. 1811.	3 p. c.	
——————— apprêté par quelque main-d'œuvre, comme omis.................... *à la valeur.*	Idem.	10 p. c.	
—- en masse et non filés, de lapin, de lièvre, castor, chameau, bouc, chèvre et chevreau............		B.	
—— ou soie de porc et de sanglier	L. 30 avril 1806.	15 〃	
—- de vache; comme bourre ou ploc..............	Lett. 7 pluv. an 9.		
Poiré; le muid de Paris (268 litres un 50.e).........		6 〃	
Poisson d'eau douce, frais...........................		B.	
——————— salé, mariné ou autrement préparé; comme le poisson de mer salé..	C. 13 octob. 1807.		
——— de mer frais, salé ou fumé (sauf les espèces dénommées au présent tarif).	L. 22 vent. an 12.	20 〃	
Ce droit ne s'applique pas au produit de la pêche française qui est essentiellement exempt.			
Les sardines fraîches ou en vert venant d'Espagne, sont admises moyennant le simple droit de balance, à la charge d'entrer par mer, par le seul bureau de Saint-Jean-de-Luz; et par terre, par ceux de Béhobie et d'Andaye. (D. du 31 mai 1808.)			
——— sec, salé, mariné ou fumé provenant de prise, comme celui du commerce ordinaire........	Lett. 2 juin 1808.		
——— sec..	D. 12 sept. 1810.	8 〃	
——— de pêche italienne; moitié des droits du tarif.	Traité du 20 juin.		
Poivre à queue; V. Cubèbe.			
——— et Piment.............................. *au net*	O. R. 23 avr. 1814.	80 〃	
Ce droit n'est pas passible du décime additionnel. (*C.* 24 *avril* 1814.)			
——— (poussière de); comme poivre..............	Lett. 31 mai 1808.		
——— long; comme poivre et piment.			
Poix grasse, poix noire, poix résine................	L. 30 avril 1806.	3 〃	
Polium montanum...................................	D. 8 février 1810.	6 12	
Poligala de Virginie; V. Seneka.			
Polozum ou fonte verte............................		24 48	
Pommades de toutes sortes.........................		61 20	
Pompholix ou calamine blanche.....................	D. 8 février 1810.	12 24	
Porcelaine commune................................		163 20	
——— fine..		326 40	
Porte-feuilles de basane; comme Mercerie commune...	L. 1.er août 1792.		
——————— de marroquin............................	L. 10 brumaire.	P.	
Potasses..	D. 5 nov. 1810.	30 〃	
Cette dénomination est générique: elle comprend les perlasses, guédasses, védasses et cendres gravelées, qui ne sont que des variétés de la même classe. (*Circ* 29 *novembre* 1810.) (5).			

(5) V. Cendres gravelées pour l'exception en faveur de celles venant des ports de la Baltique et du Nord.

DÉSIGNATION DES MARCHANDISES.	TITRES DE PERCEPTIONS. DROITS ACTUELS.	F.	C.	Droits établis depuis l'impression.
Poterie de grès; V. Faïence.				
——— de terre grossière		3	06	
Potin gris; V. Arco.				
Poudre à poudrer, excepté celles ci-après		12	24	
——— de Chypre *le kilog.*		4	08	
——— de senteur		91	80	
——— à tirer	13 fructidor an 5.	P.		
Pouliot de Virginie	D. 8 février 1810.	4	08	
Pourpre naturelle et factice	Idem	30	60	
Pozzolane		B.		
Presle (feuilles de)		//	51	
Pressure		B.		
Prunes et pruneaux; à Fruits.				
Prunes de Monbain; V. Acaja.				
Prussiate de potasse; V. Bleu de Prusse.				
Q.				
Quercitron; V. Ecorce.				
Queues de martre, etc.; V. Pelleterie.				
Quincaillerie fine ou commune en fer, sauf les exceptions ci-après	L. 10 brumaire.	P.		
Scies, vrilles et autres instrumens aratoires		40	80	
Les ratières, taupières, étrilles, etc., sont dans cette classe (*D. M.* 17 *juillet* 1813.)				
Limes communes		20	40	
Étaux communs et enclumes grossières	L. 16 m. et 30 n. 1809	20	40	
Outils pour les arts et métiers, exceptés de la prohibition, tels qu'alènes, broches, carlets, emporte-pièces, limes fines à orfèvre et horloger, et toutes limes en acier...		76	50	
Les patins sont dans cette classe (*Lett. du* 27 *frimaire an* 14)				
Quincaillerie en cuivre de toutes sortes, ou avec cuivre rouge, jaune ou plaqué	L. 10 brumaire.	P.		
Quinquina rouge *le kilog. net.*	O. R. 23 av. 1814.	4	//	
——— de toute autre espèce *le kilog. net.*	Idem	2	//	
Ces deux droits ne sont point passibles du décime additionnel (*C.* 23 *avril* 1814.)				
——— en poudre; comme Médicamens composés...	D. M. 19 janv. 1813.	P.		
R.				
Racines d'alizari, d'angélique, d'aulnée, de bardane, de calagnala, de câprier, de dictame, d'ellebore, d'ésule, de fabago, de garou, de guimauve, de pivoine, de thymelée. V. Garance sèche, Angélique, Aulnée, etc.				
——— pour brosses; comme Bruyères.				
——— à faire vergettes	Lett. 28 avril 1810.			
——— de chicorée; comme omise *à la valeur.*	Lett. 22 fév. 1809.	3 p. c.		
——— de chicorée moulue; comme Droguerie non dénommée *à la valeur.*	C. 6 ventose an 13.	20 p. c.		
Rack ou Arrack; comme Eau-de-vie autre que de vin.		P.		
Raisiné de fruits cuits avec miel ou moût de vin. *à la valeur.*	Lett. 24 niv. an 13.	10 p. c.		
Raisins de Damas et de Corinthe, et autres raisins; V. Fruits.				
Rameaux d'olives; comme omis *à la valeur.*	Lett. 15 mai 1810.	3 p. c.		
Ramonettes; à Mercerie.				
Rapatelle ou Toile de crin		20	40	
Rapure d'ivoire	D. 8 février 1810.	20	40	

DESIGNATION DES MARCHANDISES.	TITRES DE PERCEPTIONS. DROITS ACTUELS.			Droits établis depuis l'impression.
		F.	C.	
Rapontic ou fausse Rhubarbe........................		P.		
Raquettes; à Mercerie.				
Ratafias de toutes sortes; à Liqueurs.				
Ratières; comme Instrumens aratoires; à Quincaillerie.	D.M. 17 juill. 1813.			
Redon ou Rodon..................................		B.		
Redoul ou Rodoul (feuilles de)......................		B.		
Réglisse en bois....................................	D. 8 février.	10	//	
—— en bois pulvérisé; comme Droguerie omise. *à la v.*	Lett. 6 mai 1808.	20 p. c.		
—— (jus de); V. Jus.				
Régule d'antimoine..................................	D. 8 février.	16	32	
—— d'arsenic ou de cobalt...........................		8	16	
—— d'étain...		24	48	
—— martial..	D. 8 février 1810.	32	64	
—— de Vénus		40	80	
Résine élastique; V. Gomme.				
—— de jalap; au net.................................	Idem..........	122	40	
—— de sapin; comme Poix résine.....................	Lett. 29 mai 1806.			
—— de scammonée; V. ce mot.				
Résures de morue; V. Rogues.				
Rhubarbe; au net........................ *le kilog.*	D. 12 sept. 1810.	6	//	
—— blanche; V. Mechoacham.				
Rhue (feuilles de)..................................	D. 8 février 1810.	4	08	
Rhum; comme Eau-de-vie autre que de vin..........	D. M. 27 pr. an 5.	P.		
—— préparé, ou Sirop de punch; comme Liqueur...	Lett. 24 avril 1811.			
—— de prises...................... *à la valeur.*	L. 12 janvier 1810.	40 p. c.		
Ricin..	D. 8 février 1810.	16	32	
Riz, même d'Amérique...............................	D. 30 août 1811.	//	51	
—— du royaume d'Italie..............................	D. 10 octob. 1810.	B.		
Rocou..	O. R. 23 avril 1814.	6	//	
Ce droit n'est pas passible du décime additionnel (*C. 24 avril 1814.*)				
Rodon, Rodoul; V. Redon et Redoul.				
Rognures de peaux..................... *à la valeur.*	Lett. 1.er avril 1811.	3 p. c.		
Rogues ou Résures de morue........................		B.		
Romarin (fleurs de); V. Fleurs.				
Ronas..		B.		
Roseaux ordinaires..................................		B.		
—— à l'usage des fabriques de toileries...........	L. 1.er août 1792.	B.		
Roses fines et communes............................	D. 8 février.	20	40	
Rosettes...		2	04	
Rotins ou Roseaux des Indes, pour faire meubles......	Idem..........	12	24	
Rouge pour femme....................... *le kilog.*		8	16	
—— brun; V. Brun rouge.				
—— d'inde; V. Terre rouge.				
Rubans anglais.......................................	L. 10 brum. an 5.	*P.		
—— de fil écru et d'étoupes.........................		61	20	
—— de fil blanc.....................................		102	//	
—— de fil écru, mêlé de fil de lin blanc; comme Rubans de fil blanc	D.M. 17 juill. 1813.			
—— de fil teint......................................		142	80	
—— de fil, à jour, imitant la dentelle; comme omis. *à la valeur.*	Lett. 22 avril 1808.	10 p. c.		
—— de fleuret ou filoselle; comme Passementerie de matières mêlées	L. 1.er août 1792.			
—— de soie; V. Passementerie.				
—— cordons et tresses de laine et fil de chèvre mêlés.		222	40	
—— mélangés de laine, de fil de chevre et de fil de lin; comme Rubans de laine..............	D. M. 17 juill. 1813.			
—— mélangés de fil teint; comme Rubans de fil teint.	Idem..........			

DÉSIGNATION DES MARCHANDISES.	TITRES DE PERCEPTIONS. — DROITS ACTUELS.			Droits établis depuis l'impression.
		F.	C.	
Rubans ou tresses en poil de chèvre, mêlés de soie		204	//	
Ruches à miel		B.		
S.				
Sable propre à faire du sel	D. M. 11 nov. 1806.	P.		
Safran; au net *le kilog.*	D. 8 février 1810.	18	//	
Safranum	Idem	20	//	
Saphre ou Zaphre (oxide de cobalt)	Idem	30	60	
Sagu ou Sagou	Idem	40	80	
Salep ou Salop	Idem	122	40	
Salpêtre ou Nitre (nitrate de potasse)	L. 13 fructid. an 5.	P.		
Les fabricans qui l'emploient comme matière première peuvent en tirer par l'Orient, Le Hâvre, Dunkerque ou Marseille (*arrêté du 27 pluviose an 8*), en payant, par quintal, le droit de 6 fr. 12 c., imposé par la loi du 1.er août 1792.				
Salsepareille; au net	D. 8 février 1810.	200	//	
Sandaraque; V. Gomme.				
Sang de bouc ou bouquetin	Idem	30	60	
—— de dragon de toutes sortes	Idem	36	72	
Sangles pour chevaux; comme harnois	L. 1.er août 1792.			
—— pour meubles, etc		122	40	
Sanguine pour crayons	D. 8 février.	1	02	
Sardines; V. Poisson de mer frais.				
Sarrette ou Sariette	Idem	2	04	
Sassafras ou Saxafras	Idem	6	12	
Sauge	Idem	4	08	
Savons	D. 4 juillet 1810.	P.		
—— de Naples; comme Savonnettes	D. M. 16 avril 1811.			
—— de Windsor, provenant de prises; comme Savonnettes	Lett. 1.er août 1809.			
Savonnettes		81	60	
Saxafras; V. Sassafras.				
Saxifrage (graine ou semence de)	D. 8 février.	6	12	
Scabieuse	Idem	4	08	
Scammonée et Résine de scammonée; au net	Idem	600	//	
Scavisson; V. Écorce.				
Schalls anglais	L. 10 brum. an 5.	P.		
—— même non anglais, de laine, coton, poil ou mélangés de ces matières	Idem	P.		
Scies; à Quincaillerie.				
Scilles ou Squilles marines	D. 8 février.	3	06	
Sebestes	Idem	8	16	
Sel ammoniac (Muriate d'ammoniaque) *le kilog.*	Idem	3	//	
—— ammoniac, ven. d'Egypte sur bâtiment français, *le kil.*	Idem	1	//	
Sel de cerf; V. Cerf.				
—— duobus, tartre vitriolé ou résidu d'eau-forte, (Sulfate de potasse)	D. 8 février 1810.	12	24	
—— d'Epsum (Sulfate de magnésie.)	D. 26 mars 1810.	10	//	
—— gemme ou Sel fossile naturel (Muriate de soude fossile.)	D. 8 février	20	40	
—— de Glauber (Sulfate de soude.)	Idem	12	24	
—— marin et Sel de salines (Muriate de soude.)		P.		
—— provenant des marais salans, salines et fabriques de l'intérieur; le kilogr.	D. 11 nov. 1813.	//	40	
Nota. Ce droit n'est point passible du décime par franc.				
—— provenant de prises ou de saisies; comme ceux tirés des marais salans.				

DÉSIGNATION DES MARCHANDISES.	TITRES DE PERCEPTIONS. DROITS ACTUELS.			Droits établis depuis l'impression.
		F.	C.	
Mais ils ne seront admis à aucune des faveurs que la loi du 24 avril et le décret du 11 juin 1806, réservent aux sels français. (*C.* 28 *novembre* 1807.)				
Sel de nitre (Nitrate de potasse raffiné.)	L. 13 fruct. an 5.	P.		
— d'oseille (Oxalate acidule de potasse.)	D. 8 février	20	40	
— de quinquina		P.		
— de rhubarbe		P.		
— de lait (sucre de lait)	Idem	40	80	
— de saignette (Tartrite de soude.)	Idem	40	80	
— de saturne (Acétite de plomb.)	Idem	40	80	
— de tartre ou Sel végétal (Tartrite de potasse.)	Idem	40	80	
— volatil de cornes de cerf, de vipère, de carabé; *au net.*	Idem	244	80	
Selles pour chevaux; comme harnais	L. 1.er août 1792.			
Semen cartami; V. Cartami.				
——— contra ou barbotine	D. 8 février	60	//	
——— dauci; V. Daucus.				
Semence de ben	Idem	8	16	
——— froides et autres médicinales	Idem	12	24	
——— d'orvale; comme graine de jardin	Lett. 1.er juin 1810.			
Semouille	L. 30 avril 1806.	8	//	
Séné en feuilles, follicules ou grabeau *au net.*	D. 8 février 1810.	100	//	
Sénéka ou Poligata de Virginie	Idem	16	32	
Senneve	Idem	2	04	
Serans, outils propres à peigner le chanvre; comme instrumens aratoires	L. 1.er août 1792.			
Serpentine ou Serpentaire	D. 8 février 1810.	20	40	
Serpes et serpettes; comme instrumens aratoires.				
Serrures; V. Fers ouvrés.				
Seseli	Idem	6	12	
Sifflets d'os et d'ivoire; à Mercerie.				
Similor, V. Tombac.				
Sirop de Kermès	Idem	20	40	
Sirops non dénommés		51	//	
Smalt; comme azur en poudre	C. 23 pluv. an 13.			
Snack (cornes de); V. Cornes de cerf.				
Soies grèzes de toutes sortes, excepté celles ci-après. *le kilog. net.*		1	02	
——— doubles ou doupions *le kilog. net.*		//	51	
—— ouvrées en trame, poil et organsin *le kilog. net.*		2	04	
—— à coudre, crues *le kilog. net.*		2	04	
—— teintes *le kilog. net.*		3	06	
fleuret ou filoselle cru *le kilog. net.*		//	82	
Ce droit est applicable au fleuret ou filoselle filé, cru	Lett. 17 janv. 1807.			
fleurets teints *le kilog. net.*		3	06	
cocons et bourre de soie de toutes sortes		B.		
bourre de soie cardée *le kilog. net.*		//	82	
—— du royaume d'Italie	D. 10 oct. 1810.	B.		
—— de porc ou de sanglier; V. Poil.				
Soldanelle ou chou de mer	D. 8 février 1810.	6	12	
Son de toutes sortes de grains		B.		
Sorbec	Idem	73	44	
Souchet ou Cyperus de toutes sortes	Idem	4	08	
——— pulvérisé; comme droguerie omise; à la valeur.	Lett. 6 mai 1808.	20 p. c.		
Soudes (Alkali minéral)	D. 11 juillet 1810.	P.		
Soufflets; à Mercerie.				
Soufre brut ou vif		B.		
——— en canons	D. 8 février 1810.	4	08	
——— (fleur de); V. Fleur.				

DÉSIGNATION DES MARCHANDISES.	TITRES DE PERCEPTIONS. DROITS ACTUELS.	F.	C.	Droits établis depuis l'impression.
Soufre en mèches ; V. Mèches.				
——— sublimé ; V. Fleur de soufre.				
Souliers de cordes ; V. Alpagattes.				
Spalt		B.		
Spica celtica ou nard celtique	D. 8 février 1810.	12	24	
—— nardi ou nard indien	Idem	40	80	
Spode	Idem	8	16	
Squænante ou Pailles de squenante	Idem	40	80	
Squilles marines ; V. Scilles.				
Squine ou Esquine	Idem	12	24	
Staphisaigre	Idem	6	12	
Stecas ou Sticade	Idem	6	12	
Stercus diaboli ; V. Assa fœtida.				
Stil de grain	Idem	24	48	
Stockvich	L. 22 ventose an 12.	8	//	
Storax calamite	D. 8 février 1810.	40	80	
——— liquide	Idem	12	24	
——— rouge et en pain	Idem	16	22	
Stuc		B.		
Sublimé doux et corrosif (Muriates de mercure doux et corrosif)	Idem	61	20	
Suc de guimauve ; V. Guimauve.				
Sucre brut	O. R. 23 avr. 1814.	40	//	
—— tête et terré ; au net	Idem	60	//	
Ces deux droits ne sont point passibles du décime additionnel. (*C.* 24 *avril* 1814.)				
—— raffiné, autre que celui ci-après	L. 8 floréal an 11.	P.		
——— provenant de prises de saisies ou de confiscations	D. 25 oct. 1810.	450	//	
Suie de cheminée		B.		
Suifs		B.		
Sulfates d'alumine et de chaux ; V. Alun et Gyp.				
——— de cuivre, de fer et de zinc ; V. Couperoses.				
——— de magnésie, de potasse et de soude ; V. Sels d'Epsum, Duobus et de Glauber.				
Sumac	D. 12 sept. 1810.	30	//	
T.				
Tabac en feuilles, autre que pour le compte de la Régie des droits réunis	D. 29 déc. 1810.	P.		
——— fabriqué	Même décret	P.		
Tabatières de carton ou de papier ; V. Boîtes.				
Tableaux sans bordures		B.		
——— à cadres ou bordures ; à la valeur, sur l'estimation des cadres ou bordures seulement		15 p. c.		
(Si les tableaux sont sous verres, l'estimation des verres doit être ajoutée. (*Lett.* 24 *fructidor an* 13.)				
Tabletterie	L. 10 brum. an 5.	P.		
Tafia ; comme eau-de-vie, autre que de vin		P.		
Celui de prises *à la valeur.*	L. 12 janv. 1810.	40 p. c.		
Taillanderie ; à Fers ouvrés.				
Talc		B.		
—— de Moscovie ou Mica		B.		
Tamarin	D. 8 février 1810.	40	//	
——— confit ; V. Gourre.				
Tambours et tamis ; à Mercerie.				
Tan		B.		
Tanesie ou Herbe aux vers	Même décret	20	40	
Tapis dits anglais	L. 10 brumaire	P.		
—— même non anglais, de laine, coton et poil,				

DÉSIGNATION DES MARCHANDISES.	TITRES DE PERCEPTIONS. DROITS ACTUELS.	F.	C.	Droits établis depuis l'impression.
ou mêlangés de ces matières ; en quelque proportion que ce soit ; comme Étoffes.....	D.M.28 mars 1809.	P.		
Tapis de soie, ou mêlés de soie..................		306		
S'il y entroit de la laine, du coton ou du poil...		P.		
Tapisseries, excepté celles ci-après................		244	80	
——— d'Anvers et de Bruxelles............		81	60	
avec or et argent.................		489	60	
peintes.............................		91	80	
en cuirs dorés et argentés ; V. Cuirs.				
Tapsic noir et blanc..............................	D. 8 février 1810.	4	08	
Tarière ; comme outils propres aux arts et métiers ; à Quincaillerie fine...............................	D.M.17 juill. 1813.			
Tartre..	D. 8 février......	12	"	
——— vitriolé ou résidu d'eau-forte ; V. Sel Duobus.				
Tartrite de potasse et tartrite acidule de potasse ; V. Sel et Crème de Tartre.				
——— de soude ; V. Sel de Saignette.				
Taupières ; comme Instrumens aratoires ; à Quincaillerie commune..	D.M.17 juill. 1813.			
Taureaux ; à Bestiaux.				
Tenailles ; comme outils propres aux arts et métiers ; à Quincaillerie fine..............................	Même décision...			
Térébenthine commune...........................	D. 8 février 1810.	7	14	
——— de Venise...........................	Même décret.....	30	60	
Terra-merita ou Curcuma ; V. Curcuma.				
Terre glaise ; V. Argile.				
—— jaune ; comme l'Ochre.......................	Lett. 14 avril 1809.			
—— de Lemnos.....................................		B.		
—— moulard ou cimolée..........................		B.		
—— d'ombre...		B.		
—— à pipe...		B.		
—— de porcelaine ; V. Derle.				
—— rouge ou rouge d'Inde.......................		B.		
—— rubrique...		B.		
—— sigillée...		B.		
—— verte..	D. 8 février 1810.	4	08	
Thé vert et autres.................... *par kil. net.* Ce droit n'est pas passible du décime additionnel. (*C. 24 avril* 1814.)	O. R. 23 avril 1814.	3	"	
Thimélée ou Garou (racine de)..................		B.		
Thon mariné.. Cette dénomination comprend le Thon préparé, soit à l'huile, soit au sel. (*Lett. 4 octobre* 1809.)		91	80	
Tiges de bottes ; comme Cuir ouvré...............	L. 10 brum. an 5.	P.		
Tire-bouchons ; à Mercerie.				
Tilleul (écorce de)................................		B.		
Tissu connu sous la dénomination de Tulle anglais, de gaze ou tricot de Berlin.................	D. 10 mars 1809.	P.		
—— de laine et fil teints ; comme rubans de fil teints..	L. 1.er août 1792.			
Toile de chanvre ou de lin, écrue................	L. 3 frim. an 5...	51	"	
——— blanche..............	Même loi........	61	20	
—— à voile ; comme celle ci-dessus, suivant qu'elle est écrue ou blanche.......................	C. 5 frimaire an 5.			
—— préparée pour peindre ; (c'est une toile grasse)..	L. 1.er août 1792.	20	40	
—— de pur fil, peinte ou teinte..................		275	40	
—— à carreaux, pour matelas.....................		81	60	
—— cirée de toutes sortes........................		40	80	
—— gommée, treillis, bougrans et autres toiles à chapeaux, noires et d'autres couleurs..........		30	60	

DÉSIGNATION DES MARCHANDISES.	TITRES DE PERCEPTIONS. DROITS ACTUELS.	F.	C.	Droits établis depuis l'impression.
On range dans cette classe les toiles ajamis bleues du Levant (*D. M.* 2 *messidor an* 5) ; les toiles grossières et n'étant propres qu'aux emballages. (*Lett.* 27 *mai* 1807.)				
Toile de chanvre et de lin, et toiles à voiles, des fabriques du royaume d'Italie ; la moitié des droits du tarif	Traité 20 juin 1808.			
—— de coton ou de fil et coton, qu'elles soient blanches, teintes, peintes ou imprimées	L. 30 avril 1806.	P.		
—— de crin ; V. Rapatelle.				
—— métallique (tissus de fil de laiton et de fer) ; comme omis ... *à la valeur.*	D. M. 2 th. an 4.	10 p. c.		
—— nankin ; V. Nankin.				
Tombac, similor ou métal de Prince et de Manheim, non ouvré		15	30	
——— ouvragé	L. 10 brum. an 5.	P.		
Tormentille	D. 8 février 1810.	4	08	
Tortues vivantes ; comme omises ... *à la valeur.*	Lett. 14 sept. 1810.	3 p. c.		
Tourbe		B.		
Tournesol ou Maurelle en drapeaux		B.		
——— en pain et en pierre ; comme pâte de Tournesol	Lett. 12 janv. 1808.			
——— en pâte ; V. Pâte.				
Tours d'horlogers ; V. Etaux.				
Toutenague ou Zinc ; V. Zinc.				
Tresses ; V. Rubans.				
Tricot de Berlin, prohibé ; V. Tissu.				
Tripes de morue ; V. Langues.				
Tripoli ; V. Alana.				
Truffes fraîches		56	72	
——— sèches		20	40	
Tuiles ; V. Briques.				
Tulles anglais, prohibés ; V. Tissu.				
Turbit	D. 8 février 1810.	20	40	
Tussilage ou Pas-d'âne	Même décret	4	08	
Tutie	Même décret	4	08	
U.				
Usnée	Même décret	4	08	
V.				
Vaches ; à Bestiaux.				
Valanède ; V. Avelanède.				
Vanille ou Badille ... *le kilog. net.*	O. R. 23 avril 1814.	20	"	
Ce droit n'est point passible du décime additionnel. (*C.* 24 *avril* 1814.)				
Vaquettes, ou demi-semelles de Lisbonne ; comme omises ... *à la valeur.*	D. M. 19 déc. 1806.	10 p. c.		
Veaux ; à Bestiaux.				
Védasse ; V. Potasse.				
Vélin		12	24	
Velours de coton	L. 10 brum. an 5.	P.		
Vendange et moût ; les deux tiers du droit sur le vin	L. 22 vent. an 12.			
Mais s'ils proviennent de vignes possédées par des Français sur territoire étranger, ils sont admis en franchise	Même loi.			
Cette faveur est subordonnée à la condition de justifier de la propriété en pays étranger, du produit de la récolte et de l'origine des vendanges importées. [*C.* 18 *floréal an* 12.]				
Le droit de balance est perceptible.				

DÉSIGNATION DES MARCHANDISES.	TITRES DE PERCEPTIONS. DROITS ACTUELS.			Droits établis depuis l'impression.
		F.	C.	
Verd-de-gris sec et en poudre (Verdet)	D. 8 février 1810.	30	60	
——— crystallisé	Idem.	40	80	
——— humide	Idem.	12	24	
Verd de vessie	Idem.	40	80	
—— de montagne	Idem.	30	60	
Verjus *le muid.*		6	//	
Vermeil	Idem.	40	80	
Vermicelle; compris dans les pâtes d'Italie	Lett. 25 avril 1807.			
Vermillon (Cinabre pulvérisé)	D. 8 février	200	//	
Vernis de toutes sortes	Même décret	81	60	
Verre d'Antimoine	Idem.	16	32	
—— cassé; V. Groisil.				
—— de Moscovie		B.		
Verrerie, autres que les verres servant à la lunetterie et à l'horlogerie Les fiasques sont comprises dans cette prohibition. [*Lett. 20 mars 1807.*]	L. 10 brumaire...	P.		
Verres en fioles pleines *à la valeur.*	Lett. 10 avril 1807.	10 p. c.		
——— en bouteilles pleines *le 100 en nombre.*	L. 30 avril 1806.	12	//	
Vez-Cabouli	D. 8 février	12	24	
Vieux fer; à Ferrailles.				
—— plomb; V. Plomb brut.				
Vif-argent, V. Argent vif.				
Vilbrequins; comme outils propres aux arts	D. M. 17 juill. 1813.			
Vinaigre *le litre.*	L. 30 avril 1806.	//	10	
Vins de liqueurs, tels que ceux de Malaga, Pakaret, Kérès, Rota, Alicante, Constance, du Cap, de Madère, de Tokai, et autres, soit qu'ils entrent en futailles ou en bouteilles *le litre.*	L. 30 avril 1806.	1	//	
—— ordinaires, de quelque pays qu'ils viennent, *par litre.*	Idem	//	25	
Les habitans de la rive gauche du Rhin, qui possèdent des vignes sur la rive droite, peuvent y faire leur vin, et importer, chaque année, jusqu'au 21 décembre, le produit de leur récolte.	L. 1.er pluv. an 7.			
Cette faculté est subordonnée à la condition de justifier, par la représentation des titres, de la propriété des vignes, et d'une possession antérieure au 23 septembre 1804 La franchise ne s'étend point au droit de balance.	Idem			
—— de Corse (V. Amandes de Corse.)	D. 24 avril 1811.	B.		
—— cuits; comme Vins de liqueurs	Lett. 25 janv. 1809.			
—— de Porto; comme Vins ordinaires	Lett. 5 mars 1806.			
—— de Ténériffe; comme Vins de liqueurs	Lett. 23 août 1811.			
—— du crû du royaume d'Italie, savoir :				
—— fins ou de luxe, de toute espèce, en cercles, *le quint.*	Traité 20 juin 1808.	5	//	
en bouteilles, *le lit.*	Idem	//	25	
—— communs; la moitié des droits des vins ordinaires.	Idem			
Viorne ou Hardeau (feuilles et baies de)	D. 8 février 1810.	4	08	
Vipères vivantes ou sèches *le 100 en nombre.*	Idem	10	//	
——— (poudre de); comme Médicamens composés...	D. M. 16 fév. 1813.	P.		
Visnague; V. Bisnague.				
Vitriol blanc (couperose blanche)	D. 8 février.	30	60	
——— bleu; V. Couperose.				
——— de Chypre; comme Couperose	L. 1.er août 1792.			
——— rubifié; V. Calcanthum.				
Voitures vieilles ou neuves, montées ou non montées... Celles à l'usage des voyageurs ne pouvant immédiatement rétrograder à l'étranger, il avait été arrêté, pour concilier	L. 10 brumaire.	P.		

DÉSIGNATION DES MARCHANDISES.	TITRES DE PERCEPTIONS. DROITS ACTUELS.	F.	C.	Droits établis depuis l'impression.
la prohibition avec les convenances, que le renvoi de ces voitures serait assuré par le cautionnement de leur valeur, et que la condition du retour ne pourrait excéder le délai d'un an. Un autre mode étant suivi en Angleterre, où le voyageur dépose à l'entrée le tiers de la valeur de sa voiture, et obtient le remboursement du quart de cette valeur à la sortie, si elle s'effectue dans un délai de trois ans, et que la réclamation ait été faite dans celui des deux premières années, le Ministre avoit décidé que l'on useroit de réciprocité à l'égard des Anglais qui voyageraient en France. (*C.* 17 *germinal an* 11) : depuis, cette mesure a été déclarée applicable à tous les étrangers. (*Lett. du* 15 *messidor an* 11.)				
Volailles		B.		
Volans ; à Mercerie.				
Vrilles ; à Quincaillerie.				
Vulnéraires (herbes)	D. 8 févr. 1810.	8	16	
X.				
Xilo-Balsamum ; V. Bois de Baume.				
Z.				
Zaphre ; V. Safre.				
Zédoaire ou Citouard	Idem	36	72	
Zinc ou Toutenague	D. 10 août 1810.	50	//	

TARE A DÉDUIRE

Pour percevoir les droits sur ce qui est tarifé au poids net.

Toutes les marchandises paient les droits au poids brut, à l'exception de celles ci-après, lesquelles acquitteront au poids net. (*Loi du* 22 *août* 1791, *titre* 1.er, *article* 3.)

SAVOIR :

Dentelles. (*Même article.*)

Drogueries et épiceries dont le droit excède 40 fr. 80 c. par quintal. (*Même article, et décision du* 11 *germinal an* 11.)

Ce qui s'applique aux marchandises de la même espèce, qui, précédemment imposées à des droits inférieurs à celui de 20 fr. par 5 myriagrammes, se trouvent aujourd'hui assujetties à des droits excédant cette quotité de 20 fr. par cinq myriagrammes. (*Lettre du* 9 *ventose an* 13.)

A celles dont le double droit ordonné par le décret impérial du 8 février 1810, excède pareillement la quotité de 40 fr. 80 c. par quintal. (*Lett. du* 21 *mars* 1810.)

Ouvrages de soie, or et argent. (*Même article.*)

Plumes apprêtées et soie. (*Loi du* 1.er *août* 1792, *article* 9.)

Sucres têtes et terrés, café, cacao et poivre. (*Loi du* 8 *floréal an* 11.)

Potasses, guédasses, védasses, casubes, etc. (*Décret du* 7 *mars* 1811.)

La tare est de 12 pour c. pour les sucres têtes et terrés, le café, le cacao et le poivre en futailles. (*Loi du* 8 *floréal an* 14, *article* 11.)

De 3 pour c. sur les cafés, cacao et poivre en sacs. (*Même article.*)

De 12 pour c. sur les drogueries et épiceries en futailles, et de 2 pour c. sur les mêmes objets en paniers ou en sacs. (*Loi du 22 août 1791, titre 1.er, article 3.*)

De 12 pour c. sur les potasses, guédasses, védasses, casubes, etc. (*Décret du 7 mars 1811.*)

A l'égard des ouvrages de soie, or et argent, et des dentelles (des plumes apprêtées et de la soie), la perception en sera faite sur la déclaration au poids net, sauf la vérification de la part des préposés. (*Loi du 22 août, titre 1.er, article 3.*)

Lorsque des marchandises sujettes, aux droits au poids net ou à la valeur, se trouvent dans les mêmes balles, caisses ou futailles, avec d'autres marchandises qui doivent les droits au poids brut, la totalité desdites caisses, balles ou futailles, acquitte au poids brut. (*Même article.*)

Toute marchandise qui, étant tarifée au brut, est dans une double futaille, ne doit les droits que déduction faite du poids de la futaille qui lui sert d'une seconde enveloppe. (*Loi du 1.er août 1792, art. 9.*)

Dans le cas où une balle ou futaille contient des marchandises assujetties à des droits différens, le brut de la balle ou de la futaille doit être réparti sur chacune des espèces qui y sont contenues, dans la proportion de leurs quantités respectives. (*Même article.*)

PROHIBITIONS A L'ENTRÉE.

Les articles frappés de prohibition absolue à l'entrée, sont au tarif dans l'ordre alphabétique.

Prohibitions locales et restriction d'entrée pour certaines marchandises.

On ne peut admettre par des bureaux de terre, non placés sur les grandes routes :

Plus de cinq livres métriques pesant de drogueries et épiceries ;

Plus de vingt-cinq livres métriques de toile, de lin et de chanvre, blanche ou écrue, de basin de fil, bougrans et treillis ;

Des soies et filoselles, telle modique qu'en soit la qualité ;

Des batistes et des linons. (*Loi du 22 août 1791, titre 4, articles 1, 2, 3, 4 et 5, et Loi du 12 pluviose an 5, article 4.*)

Droits établis ou changés, à quelle époque sont-ils perceptibles ?

Les droits de douanes et de navigation sont perceptibles du jour où les Préposés ont connoissance que la loi qui les fixe a été reçue par le Préfet du département.

Ils doivent être perçus d'après les lois existantes à l'époque de la déclaration précédée de l'arrivée.

Ainsi la marchandise déclarée avant la promulgation d'une loi qui en a augmenté le droit, n'est sujette qu'à l'ancien droit, quoique le déchargement et la vérification soient postérieurs.

De même, une marchandise qui n'a été déclarée qu'après la promulgation d'une loi qui en augmente le droit, doit le droit augmentatif, lors même que le bâtiment sur lequel elle se trouve, seroit arrivé dans le port antérieurement à cette promulgation.

La même règle est applicable aux droits de navigation; ils sont dus de l'époque de la déclaration, quoique la jauge, qui peut opérer des changemens dans la perception, ait été différée.

Le droit sur une marchandise qui jouit de l'entrepôt, est celui existant au jour de sa déclaration pour la consommation, ou de l'expiration du délai d'entrepôt.

Il est dû sur une marchandise saisie, non du jour où la main-levée en a été accordée, mais de celui auquel elle a été retirée.

Une marchandise expédiée par acquit-à-caution, qui reste dans l'intérieur, doit le simple ou le double droit existant à l'époque où l'acquit-à-caution a été délivré.

Si un bâtiment forcé d'entrer dans un port de France, autre que celui de sa destination, y est retenu par un embargo qui l'empêche d'arriver avant une augmentation de droits qu'il n'auroit pas éprouvée sans l'embargo, on ne peut exiger, sur son chargement, que les droits existant à l'époque où il seroit arrivé à sa destination, sans l'embargo. (*Décision conforme à ce principe, du 7 ventose an 5.*)

Droit de magasinage.

Les propriétaires des marchandises qui, à défaut de déclaration détaillée, ont été déposées dans le magasin de la douane, sont tenus d'un droit particulier de magasinage, d'un pour cent de la valeur. (*Décret du* 4 *germinal an* 2, *titre* 2, *article* 9.)

Il n'est que de demi pour cent sur les objets déchargés par suite d'une relâche forcée, et rechargés faute de vente. (*Article* 6.)

Celui d'un pour cent est dû, après trois mois d'entrepôt, sur les marchandises provenant de confiscation. (*Lettre du Ministre du* 28 *floréal an* 8.)

Sur toutes les marchandises de prises, à l'expiration du délai accordé pour la réexportation, si elle n'est point effectuée.

Marchandises qui ont été mésestimées.

Quand un droit est imposé à la valeur, le Préposé doit percevoir le droit sur la valeur déclarée, ou retenir la marchandise, en annonçant qu'il paiera la valeur déclarée et le dixième en sus, dans les quinze jours qui suivront la notification du procès-verbal de retenue. (*Loi du* 4 *floréal an* 4, *art.* 1.er)

La retenue n'est soumise à d'autre formalité que celle de l'offre souscrite par le Receveur du bureau, et signifiée au propriétaire ou à son fondé de pouvoir. (*Même loi, art.* 2.)

La retenue peut avoir lieu dans le premier bureau d'entrée, quand même la perception devroit être faite dans un bureau plus éloigné. (*Décision du* 29 *mars* 1793.)

Le droit de balance du commerce étant trop modique, pour qu'on puisse supposer aucune intention de s'y soustraire, les fabrications nationales qui en sont passibles à la sortie, ne peuvent être soumises à la retenue. (*Lettre du Directeur-général du* 24 *messidor an* 10.)

DROITS DE SORTIE ET QUOTITÉ DE CES DROITS

NON COMPRIS LE DÉCIME ADDITIONNEL.

Nota. Le droit énoncé se perçoit par quintal décimal, quand il n'est pas exprimé qu'il est dû au kilogramme, au nombre par tête ou pièce, ou à la valeur, au brut quand il n'est pas spécifié que c'est au net.

Les productions non comprises dans ce tarif doivent 15 centimes pour 100 fr. de valeur. (*Loi du* 24 *nivose an* 5.)

DÉSIGNATION DES MARCHANDISES.	TITRES DE PERCEPTIONS.			
	DROITS ACTUELS.			Droits établis depuis l'impression.
		F.	C.	
A.				
Aciers et fers non ouvragés, à l'exception des fontes en gueuses	L. 9 floréal an 7.	"	50	
Agneaux; comme Moutons; V. ce dernier mot.				
Alquifoux; comme Mine métallique		P.		
Alun (Sulfate d'alumine)	L. 24 nivose an 5.	2	04	
Amidon et Poudre à poudrer, peuvent sortir par toutes les frontières de terre et par les ports ouverts à l'exportation des grains, lorsque la sortie en est permise (*Lett. du Ministre de l'intérieur des* 14 *mars*, 17 *octobre et* 6 *décembre* 1806.)	L. 24 nivose an 5.	2	04	
Amurca ou Marc d'olive		1	02	

DÉSIGNATION DES MARCHANDISES.	TITRES DE PERCEPTIONS.			
	DROITS ACTUELS.	F.	C.	Droits établis depuis l'impression.
Anes et Anesses.......................... *par tête.*		//	25	
Antimoine : ayant reçu diverses main-d'œuvres et appartenant à la classe des drogueries, ne peut être rangé dans celle des Mines métalliques.......	Lett. 22 oct. 1807.			
Ardoises, par les départemens du Nord et des Ardennes................ *le mille en nombre.*	L. 1.er août 1792.	1	//	
Armes à feu et Armes blanches, de luxe, de traite, et de quelqu'espèce que ce soit...............	D. 10 avril 1813.	P.		
B.				
Barillets ou Barillettes, servant à mettre les anchois. V. Futailles.				
Basins; V. Etoffes.				
Bateaux et Nacelles : ne peuvent être assimilés aux Navires; la sortie en est permise. (*D. M.* 17 *messidor an* 6.)				
Batistes et Linons; V. Toiles.				
Béliers; V. Moutons.				
Beurres, autres que ceux ci-après..................	L. 22 vent an 12.	P.		
par les départemens de la Manche, du Calvados, de la Seine-Inférieure, de la Somme et autres dép.s maritimes de l'ancienne France... *le kil.*	D. 3 octobre 1810.	//	15	
—— envoyés par les propriétaires des fromageries du dép.t du Doubs aux propriétaires des vaches qu'ils tirent de Suisse à loyer, peuvent sortir jusqu'à concurrence de 78 quintaux 33 kilog.; mais cette faculté est restreinte depuis le 20 mai jusqu'au 10 octobre de chaque année.........	D. 15 nov. 1811.	5	//	
Bœufs, sauf l'exception ci-après....................	L. 19 therm. an 4.	P.		
—— pour l'Espagne et la partie de la Suisse qui confine au département du Mont-Terrible.... *par tête.*	L. 30 avril 1806.	12	//	
Bois de construction navale et civile, Bois merrain et tous autres, sauf les exceptions ci-après.......	L. 22 vent. an 12.	P.		
—— de pin et Sapin des départemens frontières d'Espagne, dont la loi du 22 ventose an 12 permet la sortie, paient, savoir : les Planches de dix pieds et au-dessous.............. *le mille en nombre.*	L. 24 nivose an 12.	6	25	
Les Poutres de la même dimension..... *la pièce.*	Idem...........	//	13	
Les Solives, idem.................. *la pièce.*	Idem...........	//	3	
Les autres espèces................. *à la valeur.*	Idem...........	5 p. c.		
Le tout à condition de sortir par les ports depuis Bordeaux jusqu'à St-Jean-de-Luz, et par le Port-Vendres (*C.* 19 *vendemiaire an* 13.)				
—— de pin et Sapin des rives du Rhin (*loi du* 22 *ventose an* 12), et ceux des rives de la Meuse (*D.* 28 *mars* 1807)............................ *à la valeur.*	L. 24 nivose an 5.	5 p c.		
Le département des Vosges est compris parmi ceux du Rhin (*L. D.* 4 *septembre* 1806.)				
—— en planches ou autrement ouvrés, ne pouvant servir à la construction navale, sortant des départemens des Vosges et de la Moselle.................	L. 24 nivose an 5.	5 p. c.		
—— à la poignée, depuis St.-Gingolph jusqu'à Thonon inclusivement..............................	Idem..........	5 p. c.		
—— de chauffage pour l'Espagne, par le port de St-Jean-de-Luz, jusqu'à concurrence de 4000 stères par an, et après l'acquittement de 25 centimes par stère, au profit de l'hospice de St-Jean-de-Luz..	D. 31 mai 1808.	B.		

DÉSIGNATION DES MARCHANDISES.	TITRES DE PERCEPTIONS. DROITS ACTUELS.	F.	C.	Droits établis depuis l'impression.
Bois de marqueterie, de tabletterie, de buis, d'éclisses, feuillards … *à la valeur.*	L. 19 therm. an 4.	4 p. c.		
—— de teinture en bûches; comme Bois de marqueterie.	L. 24 nivose an 5.			
—— de teinture moulus …	L. 1.er pluv. an 13.	B.		
Bonneteries : de fil, de coton, ou de fil et coton, fines.	D. 31 juillet 1810.	1	50	
Idem, ordinaires …	Idem …	1	10	
—— de laines { fines …	Idem …	1	40	
—— de laines { ordinaires …	Idem …	1	//	
—— de poil …	Idem …	1	20	
—— de soie …	Idem …	2	//	
—— de soie mêlée en poil, fil, coton ou laine.	Idem …	1	25	
—— de filoselle et fleuret …	Idem …	1	15	
Bonnets à poil; V. Chapeaux.				
Bougie; V. Cire blanche.				
Bougrans; V. Toiles.				
Bouteilles et Barbues, quoique pleines de vin ou de liqueurs (*C.* 3.e *jour complémentaire an* 5.) …		B.		
Bourre ou Ploc de toutes sortes …		4	08	
—— rouge et autres à faire lit …	Idem …	6	12	
—— nolisse …	Idem …	6	12	
—— tontisse …	Idem …	8	16	
—— de chèvre et de laine …	Idem …	12	24	
Brai et Goudron, par navire français et par terre …	L. 30 avril 1806.	1	//	
par navire étranger …	Idem …	2	//	
Brebis; V. Moutons.				
Brou ou Écorce de noix …		3	06	
C.				
Caillou à faïence ou Porcelaine …	L. 1.er août 1792.	//	51	
Calmoucks; V. Draperies.				
Caractères d'imprimerie …	D. M. 12 ger. an 7.	4	08	
Cardes à carder, peuvent sortir en payant le droit de balance. (D.s des 5 août 1808 et 23 juin 1810.) Ce qui s'applique aux garnitures de cardes destinées pour les mécaniques. (*L. du* 7 *janvier* 1811.)				
Cartes à jouer, non timbrées …	A. 3 pluviose an 6.	P.		
Celles tarotées ou autres, avec ou sans légende, pourvu que la forme ou la dimension diffère des cartes usitées en France … *par jeu.*	D. 16 juin 1808. et 9 févr. 1810.	//	05	
Cartons gris ou pâtes de papier …		P.		
—— en feuilles, autres que ceux ci-après …	L. 19 therm. an 4.	P.		
—— fins à presser les draps … *à la valeur.*	L. 22 vent. an 12.	1 p.c.		
Cendres de toutes sortes, même celles d'orfèvre lessivées.	L. 19 therm. an 4.	P.		
Chairs salées; V. Viandes.				
Chandelles …	L. 24 nivose an 5.	2	55	
Chanvres, même ceux provenant des départemens du Rhin …	L. 22 vent. an 12.	P.		
Chapeaux de castor, poil et laines, fins … *la pièce.*	D. 31 juillet 1810.	//	20	
—— de poil et laine, et demi-castor … *la pièce.*	Idem …	//	15	
—— de poil et laine, communs … *la pièce.*	Idem …	//	10	
—— de paille, d'écorce de bois et sparterie, schakos et bonnets de poil … *la pièce.*	Idem …	//	05	
Charbon de bois et de chènevottes, sauf les exceptions ci-après …	L. 19 therm. an 4.	P.		
—— de bois, par les départemens qui avoisinent le Rhin … *à la val.*	L. 30 avril 1806.	20 p. c.		
—— de terre ou Houille, par mer. *le tonneau de mer.*	L. 24 nivose an 5.	//	75	
—— par terre … *le mille pesant.*	Idem …	1	02	

DÉSIGNATION DES MARCHANDISES.	TITRES DE PERCEPTIONS. DROITS ACTUELS.			Droits établis depuis l'impression.
		F.	C.	
Chardons à drapiers et bonnetiers		6	12	
Châtaignes ; V. Marons.				
Chaux	L. 30 avril 1806.	//	15	
Chevaux, jumens et poulains (6)	L. 19 therm. an 4.	P.		
——— hongres *par tête.*	D. 19 juin 1811.	100	//	
Chèvres	L. 19 therm. an 4.	P.		
Chiffes, chiffons de laine et de toile de coton ; V. Drilles.				
Chocolat	L. 24 nivose an 5.	//	51	
Cire blanche	Idem	1	02	
La bougie ne doit que le droit de balance. [*L. du 9 frimaire an* 8.]				
—— jaune non ouvrée	Idem	10	20	
Clapons, V. Matières, etc.				
Cloches	Lett. 13 niv. an 9.	1	02	
Clouteries en fer et acier seulement	L. 9 floréal an 7.	//	50	
Cochenille	L. 24 nivose an 5.	1	02	
Cochons *par tête.*	L. 30 avril 1806.	3	//	
Colombine ; V. Matières, etc.				
Corail non ouvré	D.M.30 janv. 1807.	P.		
Cordages usés, y compris les filets et les câbles vieux.		P.		
——— de fabrique française, goudronnés et non goudronnés	L. 8 floréal an 11.	B.		
Cornes de bétail ; V. Os.				
——— rapées ; V. Matières, etc.				
Côtes de feuilles de tabac ; V. Tabacs.				
Cotons en laine	L. 12 janv. 1810.	P.		
——— filés	L. 1.er pluv. an 13.	B.		
Couperose	L. 19 therm. an 4.	4	08	
Couvertures de coton	D. 31 juillet 1810.	1	40	
——— laine	Idem	1	25	
Cuirs en poil	L. 19 therm. an 4.	P.		
Ceux venus de l'étranger peuvent être réexportés dans les six mois de l'arrivée, en payant par pièce	L. 24 nivose an 5.	//	10	
Cuirs en vert	L. 19 therm. an 4.	P.		
—— tannés non corroyés, quand ils sont susceptibles de l'être	L. 22 vent. an 12.	P.		
La tannerie imprimant aux cuirs forts de bœuf et de vache, toute la main-d'œuvre qui leur convient, la sortie en est permise ; à l'exception de ceux qui péseraient moins de 21 liv., poids de marc, la pièce. [*L. du Ministre de l'intérieur des* 5 *fructidor an* 11, 18 *vendémiaire an* 12 *et* 5 *pluviose an* 13.]				
Ils ne doivent que le droit de balance	C. 9 mess. an 12.			
Les cuirs destinés à la reliure des livres peuvent également sortir, moyennant le droit de balance	L.M. 7 mess. an 12.			
Cuivre non ouvré	L. 19 therm. an 4.	P.		
——— ouvré	L. 24 nivose an 5.	4	08	
——— laminé pour doublage des vaisseaux et à fond de chaudière, barres à cheville, clous de cuivre rouge durcis au gros marteau, clous de cuivre allié pour doublage et peintures de gouvernail	L. 8 floréal an 11.	B.		
D.				
Degras de peaux ; comme Huile de poisson.				

(6) Pour assurer le maintien de cette prohibition, le conducteur d'un cheval, monté ou attelé, qui ira à l'étranger, fournira soumission cautionnée de ramener ledit cheval dans un délai qui ne pourra excéder deux mois, à peine d'en payer la valeur. [*Loi du 9 floréal an* 7.]

DÉSIGNATION DES MARCHANDISES.	TITRES DE PERCEPTIONS.			
	DROITS ACTUELS.			Droits établis depuis l'impression.
		F.	C.	
Derle ou Terre de porcelaine		1	02	
Diamans et pierreries, vrais ou faux, avec ou sans monture; pour la pierre	D. M. 12 brum. an 6.	B.		
pour la monture	Idem	//	50	
Draperies :				
fines ou de fabrique de 1.re classe; telles que Louviers, Sedan, Abbeville	D. 31 juillet 1810.	3	//	
fines, de fabriques du Languedoc, ou draps dits *londrins*	Idem	2	50	
d'Elbœuf	Idem	2	25	
ordinaires ou de fabriques de second ordre	Idem	2	//	
petites ou étoffes de laine fine	Idem	1	50	
petites ordinaires	Idem	1	10	
en étoffes de laine commune, telles que ratines, calmouks, etc.	Idem.	1	//	
Draps de coton; V. Etoffes.				
Drilles ou Chiffes, et toutes matières propres à la fabrication du papier et de la colle	L. 19 therm. an 4.	P.		
Ce qui comprend les chiffons de toile de coton et de laine. [*Loi 1.er pluviose an* 13.]				
Les filets vieux. [*C. 20 floréal an* 10.]				
Les papiers vieux et les rognures de papier. [*Lettres des 26 thermidor an* 13 *et* 13 *août* 1808.]				
E.				
Eau-de-vie; le muid (268 lit. 1/10)	Idem	//	25	
Ecailles d'Ablette		4	08	
Ecorce de noix; V. Brou.				
——— de pin moulue; peut sortir en payant le droit de balance. (*Lett. du 30 octobre* 1810.)				
Cette écorce sert uniquement à la teinture des filets pour la pêche, auxquels elle donne une couleur rougeâtre foncée; elle n'est propre, en aucune manière, à faire le tan.				
——— à tan		P.		
——— de tilleul pour cordages		8	16	
——— de grenadier		2	55	
Engrais; V. matières servant à l'engrais.				
Esprit de térébenthine; V. Essence. (*L.* 22 *janvier* 1810.)				
Estandolles; comme bois d'éclisses	L. 1.er août 1792.			
Essence de térébenthine et térébenthine en pâte	L. 24 nivose an 5.	0	51	
Etain non ouvré	L. 19 therm. an 4.	P.		
——— ouvré	L. 24 nivose an 5.	5	10	
Etoffes riches en or et argent	D. 31 juillet 1810.	3	//	
——— mélangées d'or, d'argent et de soie	Idem	2	50	
——— de soie de toutes sortes	Idem	2	//	
Celles de soie cirées sont comprises sous cette dénomination. (*Lett.* 7 *août* 1811.)				
——— mélangées de soie, fil, coton et laine	Idem	1	50	
——— de fleuret, filoselle et bourre de soie	Idem	1	25	
——— de poil et laine mêlés	Idem	1	20	
——— de fil et coton	Idem	1	10	
——— de coton, *fines*, telles que basins, piqués	Idem	1	60	
——— de coton, *ordinaires*, telles que velours et draps	Idem	1	//	
——— de laine; V. Draperies.				
Etoupes de chanvre; comme Chanvre. (*C.* 23 *germinal an* 12.)				
F.				
Farines	L. 26 ventose an 5.	P.		

DÉSIGNATION DES MARCHANDISES.	TITRES DE PERCEPTIONS. DROITS ACTUELS.			Droits établis depuis l'impression.
		F.	C.	
Elles suivent pour les exceptions à la prohibition, le régime des grains dont elles sont extraites. [*Déc. 25 messidor an 12.*]				
Ferraille et vieux fer		P.		
Fer blanc	L. 24 nivose an 5.	2	55	
—— en gueuse	Même loi	5	10	
—— de toute autre espèce ; V. Aciers.				
Feuilles de Myrte et autres propres à la teinture et aux tanneries		20	40	
Fil de cuivre pur ; comme Cuivre ouvré	Lett. 4 mai 1807.			
— de fer	L. 9 floréal an 7.	//	50	
— de laiton noir ; comme cuivre ouvré	Lett. 4 mai 1807.			
— de lin et de chanvre, retors, autres que de mulquinerie et de linon	L. 19 therm. an 4.	2	55	
— simple		20	40	
— de mulquinerie et de linon	Même loi	P.		
Filets vieux ; V. Drilles.				
Fleurets ; V. Armes.				
Foins et fourrages	Même loi	P.		
Peuvent sortir par le pays de Gex, en payant :				
par chariot	L. 24 nivose an 5.	//	50	
par charrette	Idem.	//	25	
Fouets ; comme Mercerie commune	Lett. 5 sept. 1811.	1	//	
Fourrages ; V. Foin.				
Forces à tondre les draps . . . *la pièce.*	L. 19 therm. an 4.	3	//	
Fromages	L. 30 avril 1806.	1	//	
Froment perlé ; V. Graines.				
Fumier ; V. Matières, etc.				
Fusils ; V. Armes.				
Fustet en feuilles ou branches		2	04	
Futailles vides ou en bottes	L. 19 therm. an 4.	P.		
G.				
Galons, ganses, jarretières et franges ; V. Passementerie.				
Gants de peau ; V. Ouvrages.				
Gaude ou herbe à jaunir	L. 22 vent. an 12.	10	//	
Gazes et Marli de soie	D. 31 juillet 1810.	2	50	
———— et fil, ou de soie et coton	Même décret	1	25	
Gommes	L. 19 therm.	10	20	
Goudron ; V. Brai.				
Graine d'Avignon ou Graine jaune, et Grainette d'usage en teinture		10	20	
——— grasses	L. 19 therm. an 4.	P.		
On ne peut leur assimiler les noix ; la sortie en est permise. [*Lett. du 25 février 1807.*]				
——— de jardin	L. 1.er août 1792.	3	06	
Ce qui comprend toutes semences de légumes et de fleurs. [*L. du 27 brumaire an 8.*]				
——— de Luzerne ; comme graine de trefle. (*Même lett.*)				
——— de mil ou millet ; comme graine de jardin	D. M. 27 vend. 7.			
——— de pastel ; V. Pastel.				
——— de prairie ; comme graine de trèfle	C. 7 prairial an 8.			
——— de spergule ; idem	Lett. 16 therm. an 4.			
——— de trefle	L. 30 avril 1806.	8	//	
Sous cette dénomination sont comprises toutes graines et semences de pâturages. [*L. du 22 frimaire an 14.*]				
Grains de toutes sortes	L. 26 ventôse	P.		
Ce qui s'applique à la graine de vesce, nommée aussi Jarosse. [*D. du 2 complémentaire an 7.*]				
Au froment perlé. [*D. du 23 mai 1806.*]				

DÉSIGNATION DES MARCHANDISES.	TITRES DE PERCEPTIONS. DROITS ACTUELS.	F.	C.	Droits établis depuis l'impression
Graisses, excepté celles ci-après	L. 19 thermidor..	P.		
——— d'asphalte, nommée aussi huile bitume minéral; la sortie en est permise, en payant le droit de balance	D. M. 6 vent. an 5.			
Gravelle ou Tartre de vin		7	14	
Grignon; comme amurca	L. 1.er août 1792.			
Groisil ou Verre cassé		P.		
Gruau d'avoine	Lett. 13 mai 1806.	B.		
Gualdo, herbe propre à la teinture	Lett. 26 oct. 1811.	10	20	
Guède ou Pastel en feuilles et en pains	D. M. 8 oct. 1811.	10	20	
Gypse; V. Matières servant à l'engrais.				
H.				
Harnois de luxe et selles *à la valeur.*	L. 24 nivose an 5.	½ p. c.		
Herbe à jaunir; V. Gaude.				
——— de Maroquin		3	06	
——— propres à faire la soude; V. Salins.				
——— à la teinture, non dénommées dans le tarif des droits de sortie		10	20	
Houate de coton; comme Coton	L. 1.er août 1791.	B.		
——— de soie; comme soie	Lett. 10 déc. 1807.			
Houblon	A. 9 frimaire an 9.	P.		
Houille; V. Charbon de terre.				
Huiles de graines par les frontières de terre	L. 24 nivose an 5.	2	55	
par les départemens qui bordent le Rhin; le même droit	D. 16 fructid. an 7.			
par les autres départemens	L. 19 thermidor.	6	12	
——— de faîne et de noix	Idem	6	12	
——— d'olive et d'amande	Idem	10	20	
——— de Palme; comme huile de faîne	Lett. 24 sept. 1811.			
——— de poisson	L. 8 floréal an 11.	2	50	
Huîtres fraîches *le mille en nombre.*		//	50	
I.				
Jardinage; V. Légumes verts.				
Indiennes; V. Toiles.				
Indigos; sauf l'exception en faveur des Indigos étrangers, lesquels peuvent être réexportés dans les deux mois de l'arrivée, en justifiant du payement des droits d'entrée	L. 19 thermidor.	P.		
Indique, espèce de pâte bleue qui se fabrique dans le département du Doubs	D. 7 ventose an 5.	P.		
Jumens; V. Chevaux.				
L.				
Laines filées propres à la tapisserie	L. 19 thermidor.	20	40	
——— filées d'autres sortes	Idem	51	//	
——— non filées; même celles en matelas pouvant servir aux fabriques; sauf les exceptions ci-après	Idem	P.		
——— non filées, étrangères, réexportées dans l'année de l'arrivée	L. 24 nivose an 5.	2	04	
A condition qu'elles auront été mises dans l'entrepôt réel du port d'arrivée, et qu'elles en seront expédiées directement pour l'étranger. [*L. du* 30 *avril* 1806, *art.* 28.]				
Laiton non ouvré	L. 9 thermidor...	P.		
——— ouvré, autrement qu'en planches	L. 24 nivose....	4	08	

DÉSIGNATION DES MARCHANDISES.	TITRES DE PERCEPTIONS. DROITS ACTUELS.			Droits établis depuis l'impression
		F.	C.	
Laminoirs ; V. Métiers.				
Légumes secs de toute sorte	L. 19 thermidor.	P.		
——— verds et jardinage	L. 24 nivose an 5.	*//*	20	
Les navets et oignons y sont compris. [*C. du 22 messidor an 8.*]				
Lessive de savon ; V. Salins.				
Lie de vin		2	04	
Liége en planches	L. 30 avril 1806.	4	*//*	
Lin, même peigné	L. 19 therm. an 4.	P.		
Linge vieux ; V. Drille.				
Linons ; V. Toiles.				
Listonnerie ; V. Passementerie.				
M.				
Malherbe, herbe pour la teinture		2	04	
Maïs ; comme Grains.				
Manganèse ; V. Mines métalliques.				
Marc d'olives ; V. Amurca.				
Marly ; V. Gazes.				
Marrons et Châtaignes	D.M.14janv.1812.	P.		
Matelas ; comme les matières dont ils sont composés	L. 1.er août 1792.			
——— de laine ; comme laines non filées		P.		
Cependant, lorsqu'il sera reconnu qu'ils sont composés de vieilles laines hors d'état de servir à la fabrication, la sortie pourra en être permise, sous le paiement du droit de balance. [*D.M. 21 juin* 1813.]				
Matières d'or et d'argent ; V. Numéraire.				
——— servant à l'engrais des terres, telles que fumier, colombine, clapons, cornes rapées et autres.	Idem	P.		
La sortie du Gypse est tolérée par le département du Doubs. [*Lett. du 2 floréal an 4.*]				
——— propres à la fabrication du papier et de la colle ; V. Drilles.				
Mâts et pièces de rechange, en justifiant par les capitaines étrangers, du besoin et des causes qui le déterminent *à la valeur.*	D. 7 nivose an 11.	5 p. c.		
Maurelle en drapeaux ; V. Tournesol.				
Mélasses, autres que celles ci-après	L. 24 nivose an 5.	2	55	
——— des sucres raffinés en France	D.M.28 fruct. an 8.	B.		
Elles doivent être accompagnées d'un certificat de la fabrique, visé par le Maire.				
Merceries fines, suivant les distinctions établies au tarif d'entrée	D. 31 juillet 1810.	1	50	
——— communes, *idem*	Idem	1	*//*	
Mérinos et Métis ; V. Moutons.				
Merrain ; V. Bois.				
Métal de cloche ; comme composé de cuivre et d'étain.	D.M.27 vend. an 6.	P.		
Métiers pour les fabriques	L. 19 thermidor.	P.		
Ce qui comprend les outils et toutes les parties accessoires de ces métiers [*D. M. du 8 août* 1806.]				
Cette prohibition ne s'applique pas aux laminoirs simples, à l'usage de l'orfévrerie et de la bijouterie ; ils peuvent sortir sous le droit de balance. [*D. M. des 29 frimaire an 7, 22 prairial an 11 et 3 avril* 1811.]				
Il en est de même des Cardes à carder ; V. ce mot.				
Meubles et Effets à usage personnel	L. 24 nivose an 5.	B.		
Cette sortie, en exemption de droits, n'est tolérée qu'à charge de justifier d'une propriété à trois ou quatre lieues des frontières, de l'identité et du rapport des effets par une soumission cautionnée ; le tout par la formalité de l'acquit-à-caution.				

DÉSIGNATION DES MARCHANDISES.	TITRES DE PERCEPTIONS.			
	DROITS ACTUELS.			Droits établis depuis l'impression.
		F.	C.	
Meules de moulin. au-dessus d'un mèt. 949 mill. *pièce.*	L. 8 floréal an 11.	30	//	
Meules de moulin. au-dessous jusqu'à 1 m. 297 mill. *id.*	Idem............	20	//	
Meules de moulin. au-dessous d'un mètre 297 mill. *id.*	Idem............	10	//	
——— de moulin d'Andernach, par le Rhin,				
celles d'un mètre 297 mill. et au-dessus; *à la val.*	L. 1.er pluv. an 13.	10 p. c.		
celles au-dessous.................... *idem.*	Idem............	5 p. c.		
Miel....................................	L. 30 avril 1806.	5	//	
Mil ou Millet...........................	D.M. 17 mars 1812.	P.		
Mine de fer, brute et lavée.............		P.		
——— métallique de toute autre sorte........	L. 19 thermidor.	P.		
On ne peut comprendre sous cette dénomination le Manganèse [*D. du 2 fruct. an 4*] : il peut donc sortir.				
——— de plomb, avec laquelle il ne faut pas confondre le Minium...........................	Idem............	P.		
Montres..................................	D. M. 22 pr. an 5.	B.		
Si les boîtes sont exportées isolément, elles doivent comme Ouvrages d'orfévrerie [*Lett. 11 avril* 1806.]				
Mouchoirs de fils et coton, et mêlangés de fil et coton...	D. 31 juillet 1810.	1	50	
——— de soie..............................	dem............	2	//	
Mousselines unies et imprimées............	Idem............	2	60	
——— brodées..............................	Idem............	2	80	
Moutons, dépouillés de leur laine, excepté les Mérinos ou Métis, qui sont prohibés............... *par tête.*	L. 30 avril 1806.	1	//	
Les Mérinos ou Métis se reconnoissent à la finesse de leur laine.				
Nota. Sous la dénomination générique de Moutons, on doit comprendre les Agneaux, Brebis et Béliers [*D. M. des 19 frimaire et 12 nivose an 5, et arrêté du Directoire, du 9 prairial suivant.*]				
Mules et Mulets........................ *par tête.*	Idem............	10	//	
Munitions de guerre......................	L. 19 thermidor.	P.		
——— navales (sauf les brais, bois de pin et mâts de rechange.)...........................	Idem............	P.		
N.				
Navets ; V. Légumes verds.				
Navires (même ceux de prises), sauf l'exception ci-après.	L. 19 therm. an 4.	P.		
——— marchands, construits en France pour le compte espagnol........................ *par tonneau.*	L. 8 floréal an 11.	15	//	
Ce droit ne s'applique pas aux bâtimens dont la capacité n'excède pas 300 tonneaux; ils ne doivent que le droit de balance [*D. du 20 juillet* 18c8, *art.* 68.]				
L'autorisation du Ministre de la marine doit précéder [*C. du 7 prairial an* 11.]				
Nerfs de bœufs et autres animaux....................		9	18	
Noix ; V. Graines grasses.				
Numéraire, y compris les piastres et matières d'or et d'argent non ouvrées (7).................	A. 21 et 25 vent. an 11.	P.		

(7) Les étrangers, autres cependant que les ambassadeurs et envoyés des puissances étrangères, sont assujettis à cette disposition. (*Loi du 5 septembre, art.* 3.)

Néanmoins les étrangers qui, en entrant en France et en arrivant sur les frontières, ont fait constater la nature et la quotité des matières d'or et d'argent monnoyées, ou non, dont ils sont porteurs, peuvent les emporter en quittant la France. (*Art.* 4.)

Les espèces étrangères des pays circonvoisins, peuvent circuler d'une rive du Rhin à l'autre; mais cette exception ne s'étend point aux piastres, ni aux espèces nommées *couronnes impériales*, *ducatons*, *couronnes*, *demi-couronnes*, *quart de couronnes de Brabant*, *ducatons et demi-ducatons*, *quart et huitième de ducatons de la Reine*, toutes d'argent et à un bon titre. (*Circulaire du 25 ventose an 11; Lettre de S. E. le Ministre des finances, du 27 messidor an 13, et Circulaire du 21 thermidor suivant*).

Tous Capitaines de bâtimens neutres, entrant dans les ports de France, sont obligés de représenter aux Préposés des Douanes le numéraire qu'ils peuvent avoir, pour jouir du droit de réexportation, à peine de confiscation de celui trouvé lors de la visite, à la décharge ou au départ. (*Arrêté du Comité des finances, du 11 frimaire an 3.*)

DÉSIGNATION DES MARCHANDISES.	TITRES DE PERCEPTIONS. DROITS ACTUELS.	F. C.	Droits établis depuis l'impression.
O.			
Œufs par mer	A. 8 pluviose an 10.	P.	
Orcanette; comme herbe propre à la teinture non dénommée au tarif de sortie	Lett. 7 janv. 1812.	10 20	
Oreillons		P.	
Orge perlé et mondé	D. M. 28 avril 1812.	P.	
Os, Cornes et Sabots de bétail	D. 4 janvier 1811.	10 "	
Ouattes; V. Houattes.			
Ouvrages de bijouterie *à la valeur.*	L. 24 nivose an 5.	½ p. c.	
Les Diamans et Pierreries devant seulement 15 cent. par cent francs de la valeur, le demi pour cent n'est exigible que sur la valeur de la monture. [*D. 12 brumaire an 6.*]			
Par Ouvrages de bijouterie, on ne doit entendre que ceux dans la composition desquels les métaux précieux entrent comme matière principale. Ainsi, les Candelabres, Vases et Ornemens de cheminée, composés de bronze, cuivre doré, etc., et les Piédestaux dorés qui ornent les pendules n'appartiennent pas à cette classe: les bronzes ne doivent qu'un franc deux centimes; les autres objets, que le droit de balance [*Lett. 2.e jour complém. an 5.*]			
——— en acier et fer, non compris dans la quincaillerie.	L. 9 floréal an 7.	" 50	
——— en bronze	L. 24 nivose an 5.	1 02	
——— en cuir, en marroquin et peaux marroquinées, et en souliers de femme *à la valeur.*	Idem	½ p. c.	
Les souliers d'homme et les bottes y sont compris [*Lett. du* 5 août 180 .]			
——— d'orfévrerie *à la valeur.*	Idem	1 p. c.	
——— en peaux, consistant en culottes, vestes, gilets et gants	Idem	1 02	
P.			
Pains et Biscuits	D. 15 août 1793.	P.	
——— ou Tourteaux de navette, oliette, rabette, lin, chenevis et colza	L. 22 vent. an 12.	4 "	
Papier ordinaire *à la valeur.*	L. 24 nivose an 5.	1 p. c.	
——— fin et papier mousse, à cartier et aux trois lunes. *à la valeur.*	Idem	½ p. c.	
——— vieux; comme Drilles.			
Parchemin brut	D. M. 11 flor. an 12.	P.	
——— neuf		12 24	
Ce droit n'est point applicable aux bandes de parchemin travaillé, dont on se sert pour mettre des étiquettes [*D. 1.er décembre 1791*]: elles ne doivent, en conséquence, que le droit de la balance du commerce.			
Passementeries et Listonneries.			
En galons, ganses, jarretières et franges de dorure fine	D. 31 juillet 1810.	2 50	
en soie	Idem	1 60	
en fil, coton, laine, ou mélangées de ces matieres.	Idem	1 20	
en poil	Idem	1 "	

Les prisonniers de guerre étrangers, retournant dans leur patrie, peuvent sortir avec une somme qui n'excédera pas trois mois de leur solde. (*Arrêté du Comité de salut public, du 15 fructidor an 3.*)

Mais les voituriers et tous les autres particuliers ne peuvent exporter de plus forte somme en numéraire, que celles qu'ils ont importées de l'étranger, et dont ils ont fait constater la quotité par une déclaration au premier bureau d'entrée. (*Décision du 2 germinal an 4.*)

DÉSIGNATION DES MARCHANDISES.	TITRES DE PERCEPTIONS.			
	DROITS ACTUELS.	F.	C.	Droits établis depuis l'impression.
Pastel (graine de)................................	Du 4 décemb. 1811.	P.		
Pâtes de Gênes et pâtes d'Italie ; V. Vermicelle.				
——— de papier ; V. Cartons gris.				
Peaux d'agneaux apprêtées ; comme Peaux passées en blanc ou Mégie................................	Lett. 8 mars 1809.			
——— en basane et peaux apprêtées pour la bufflerie. *id.*	Lett. 25 juillet 1808.			
——— de Castor................................	L. 19 therm. an 4.	P.		
——— de chiens de mer, quoique non ouvrées........	D. M. 9 th. an 5.	B.		
——— de lièvres, de lapins blancs, roux, de toutes espèces et couleurs, crues....................		P.		
——— de loutre et peaux sauvagines..... *à la valeur.*	L. 24 nivose an 5.	2½ p. c.		
——— passées en blanc ou Mégie, bronzées ou chamoisées........................ *à la valeur.*	Idem...........	1 p. c.		
——— en poil et autres ; excepté les pelleteries........ Cette prohibition comprend les peaux de chevreuil en poil. [*D. 7 nivose an* 11.]	L. 19 therm. an 4.	P.		
Pennes de coton................................	D.M. 21 mars 1806.	1	//	
——— de laine et fil................................		P.		
Piastres ; V. Numéraire.				
Pierres à chaux ; comme Chaux....................	Lett. 18 sept. 1807.	//	15	
——— à feu (8).......................... *à la valeur.* Cette dénomination comprend les pierres à fusil, comme à briquet et autres. [*Lett. 26 septembre* 1806.]	L. 8 floréal an 11.	1 p. c		
Pipes à fumer ; comme Mercerie commune...........	Lett. 7 août 1811.	1	//	
Pistolets ; V. Armes.				
Plâtre.............................. *les* 1565 *kilog.* Ce qui s'applique aux pierres à plâtre. [*Lett. 29 janvier* 1808.]	L. 19 thermidor..	1	//	
Ploc ; V. Bourre.				
Plomb non ouvré................................ Celui des mines de Poullaouen, d'après un arrêté du 9 thermidor an 10, peut sortir par Morlaix, en payant le droit de balance.	Idem...........	P.		
Plomb ouvré, laminé et en grenaille.................	D. 23 octob. 1811.	B.		
Poil en masse et non filé, de lapin, lièvre, castor, chameau, bouc, chèvre, chevreau et loutre....	L. 19 therm. an 4.	P.		
——— de chien, même filé........................	Idem...........	P.		
Poissons frais................................	L. 24 nivose an 5.	B.		
——— de toute autre sorte, exportés tant par terre que par mer................................	L. 2 nivose an 7..	1	02	
Pommes de terre ; comme Grains..................	D.M. 7 pluv. an 8.			
Potasse................................ La prohibition ne comprend pas le sulfate de potasse ; la sortie en est permise moyennant le droit de balance [*Lett. 17 octobre* 1807.]		P.		
Poudre à poudrer ; V. Amidon.				
——— à tirer................................ On en excepte la poudre de chasse, qui peut sortir étant accompagnée d'un passe-port des Administrateurs des poudres et salpêtres. [*D. M. 18 brumaire an* 11.]	L. 11 mars 1793..	P.		
Poulains, V. Chevaux.				
Presses d'imprimerie................................	Lett. 14 mars et 1 avril 1808.....	B.		
Q.				
Quincaillerie :				
fine, en acier et cuivre........................	D. 31 juillet 1810.	1	60	
ordinaire, en fer et acier........................	Idem...........	1	20	
commune, uniquement en fer.....................	Idem...........	1	//	

(8) L'exportation est soumise à la permission spéciale du Ministre de la guerre. (*Décret du 5 avril* 1813.)

DÉSIGNATION DES MARCHANDISES.	TITRES DE PERCEPTIONS. DROITS ACTUELS.	F.	C.	Droits établis depuis l'impression.
R.				
Ratines ; V. Draperies.				
Récoltes, comprenant les grains, légumes secs et fourrages	L. 19 thermidor.	P.		
Les étrangers propriétaires en France, ne peuvent extraire en nature celles de leurs possessions. [*Arrêté du Directoire exécutif, transmis par Lett. du Ministre, du 7 fructidor an* 4.]				
Redoul ou Rodoul (feuilles de)		1	53	
Régule d'Antimoine	D. M. 11 déc. 1807.	B.		
Résine ; comme Brai.				
Riz ; comme les Grains.				
Rognures de papier ; V. Drilles.				
Rubans :				
——— de soie	D. 31 juillet 1810.	2	//	
——— de filoselle, fleuret et bourre de soie	Idem	1	40	
——— de laine	Idem	1	20	
——— de fil écru, blanc ou teint	Idem	1	//	
——— de fil et laine mélangés	Idem	1	10	
S.				
Sabots de bétail ; V. Os.				
——— uniquement de bois	Lett. 10 oct. 1810.	B.		
Safranum ; comme herbes propres à la teinture non dénommées au tarif de sortie	Lett. 27 déc. 1811.	10	20	
Salins	L. 19 thermidor.	P.		
Cette dénomination comprend les herbes servant à faire la soude, appelées vulgairement *varecs*, *goëmons*, etc., qui croissent au bord de la mer, ou que ses flots rejettent. [*Lett. du* 30 *janvier* 1810.] La lessive de savon, résultat de la fabrication du savon est également prohibée, comme contenant de la soude. [*Lett.* 24 *février* 1807.]				
Salpêtre ou Nitre (*nitrate de potasse*)	L. 13 fructid. an 5.			
Saucissons, dont la sortie a été permise par décision du 8 prairial an 9, doivent, comme viandes salées	Lett. 16 mai 1807.	4	//	
Schakots ; V. Chapeaux.				
Schalls :				
——— de soie	D. 31 juillet 1810.	1	80	
——— de coton	Idem	1	50	
——— de laine	Idem	2	//	
Selles ; V. Harnois.				
Semences de pâturages ; V. Graine de trèfle.				
Semoule ; comme le vermicelle	Lett. 1.er juin 1810.			
Siamoises ; V. Toiles.				
Soies, autres que celles ci-après	D. 23 germ. an 13.	P.		
——— à coudre, grenadine, rondelette et miperiée, des départemens intérieurs, le poids de chaque écheveau n'excédant pas trois décagrammes.. *le kil. net.*	L. 8 floréal an 11.	//	10	
La faculté de sortie n'est applicable qu'aux soies à coudre, non écrues. [*Lett.* 1.er *sept.* 1807.]				
——— cuites propres à faire de la tapisserie ; au net. *le kil.*	L. 19 thermidor.	1	02	
——— ouvrées, en trame, poil et organsin et à coudre, écrues, provenant du Piémont et du Royaume d'Italie, peuvent sortir par le Hâvre, en payant par kilogramme	D. 4 déc. 1811.	15	//	
Elles doivent être préalablement dirigées sur la douane de Lyon. [*D. M.* 4 *janvier* 1812.]				

DÉSIGNATION DES MARCHANDISES.	TITRES DE PERCEPTIONS. DROITS ACTUELS.	F.	C.	Droits établis depuis l'impression.
Soudes ; exportation permise par toutes les côtes et frontières	D. 11 fév. 1811.	B.		
Soufre	L. 24 nivose an 5.	1	02	
Souliers de femme et d'homme ; V. Ouvrages en cuir, etc.				
Sucre raffiné et candi	Idem.	1	02	
Suifs	L. 19 therm. an 4.	P.		
Sulfate d'alumine ; V. Alun.				
——— de potasse (*sel duobus*) ; V. Potasse.				
Sumac	Idem	10	20	
T.				
Tabac indigène en feuilles ou en côtes	D. 29 déc. 1810.	P.		
——— provenant des fabriques de la régie	L. 24 nivose an 5.	//	51	
Tartre de vin ; V. Gravelle.				
Térébenthine en pâte ; V. Essence.				
Terre de marne ; la charretée de deux milliers pesant.	L. 19 thermidor.	//	15	
—— des monnoies	L. 8 floréal an 11.	P.		
—— de pipe ; le lest du poids de deux milliers	L. 19 therm. an 4.	10	20	
—— de porcelaine ; V. Derle.				
Toiles :				
Batiste et linon	D. 31 juillet 1810.	3	//	
de lin { fines	Idem	2	80	
de lin { ordinaires	Idem	1	60	
de lin { communes	Idem	1	15	
de chanvre { fines	Idem	2	50	
de chanvre { ordinaires	Idem	1	40	
de chanvre { communes	Idem	1	10	
mélangées de lin et chanvre { ordinaires	Idem	1	50	
mélangées de lin et chanvre { communes	Idem	1	05	
à voiles	Idem	1	25	
de fil et coton { fines	Idem	1	45	
de fil et coton { communes	Idem	1	20	
cirées, gommées, treillis et bougran	Idem	1	05	
de coton { fines	Idem	2	70	
de coton { ordinaires	Idem	1	80	
de coton { communes	Idem	1	30	
peintes et teintes { de fil, fil et coton, siamoises et indiennes fines	Idem	2	//	
peintes et teintes { communes	Idem	1	20	
peintes et teintes { à carreaux et coutils	Idem	1	//	
Tournesol ou Maurelle en drapeaux		2	55	
Tourteaux ; V. Pains.				
Toutenague, V. Zinc.				
Treillis ; V. Toiles.				
Tricots ; comme Bonneteries, suivant les matières dont ils sont composés.				
Tuf en pierre, des carrières d'Andernach	D. 3 nov. 1807.	1	//	
Tulles ; comme Gazes, d'après les matières dont ils sont composés	D. 31 juillet 1810.			
V.				
Vaches ... *par tête.*	L. 30 avril 1806.	5	//	
Veaux ... *idem.*	Idem	1	//	
Velours de coton ; V. Étoffes.				
Vendanges et le Moût : les deux tiers du droit sur le vin. (*C. 29 messidor an 12.*)				
Vermicelle	L. 24 nivose an 5.	2	55	

DÉSIGNATION DES MARCHANDISES.	TITRES DE PERCEPTIONS. DROITS ACTUELS.			Droits établis depuis l'impression.
		F.	C.	
Ce qui comprend les Pâtes d'Italie et les Pâtes de Gênes. (*Lett. 12 janvier* 1810.)				
Verre cassé; V. Groisil.				
Vesce ou Jarosse; V. Grains.				
Viandes fraîches	L. 30 avril 1806.	3	//	
——— salées pour l'Espagne	Idem	4	//	
à toute autre destination, exceptéles Saucissons.	D. 5 frimaire an 9.	P.		
Vieux fers; V. Ferrailles.				
Vins, les 268 litres un 50.e, correspondant au muid de 288 pintes, ancienne mesure de Paris.				
A l'exportation par mer.				
Par Bayonne et St.-Jean-de-Luz	L. 19 therm. an 4.	1	//	
Par les rivières de Garonne et Dordogne, lorsque la valeur du tonneau excède 200 francs :				
Le rouge	Idem	7	//	
Le blanc	Idem	4	//	
Par les mêmes rivières, lorsque la valeur du tonneau n'excède pas 200 francs	L. 24 nivose an 5.	2	50	
Par la Charente-Inférieure et la Vendée :				
Le rouge	L. 19 therm. an 4.	1	//	
Le blanc	Idem	//	50	
Par la Loire-Inférieure :				
rouge ou blanc, à l'exception de celui ci-après.	Idem	2	//	
blanc, du crû de ce département	Idem	//	50	
Depuis la rivière de Vilaine inclusivement jusques et y compris les ports des départemens au-delà de l'Escaut	Idem	7	//	
Par les bouches du Rhône et le Var	Idem	1	50	
Par l'Hérault et les Pyrénées orientales	Idem	2	//	
A l'exportation par terre.				
Par les Haut et Bas-Rhin	D. 5 fructidor an 5.	1	25	
Par les départemens correspondans à ceux réunis qui avoient le Rhin pour limite	Idem	1	25	
Par le Doubs et le Jura		//	50	
Par l'Arriége et les frontières d'Espagne	L. 19 therm. an 4.	1	50	
—— muscats, par toutes les autres frontières	Idem	6	//	
A l'exportation par mer ou par terre, indistinctement.				
—— de liqueurs de toutes sortes	Idem	6	//	
—— en bouteilles ou en doubles futailles	L. 1.er août 1792.	7	//	
—— en futailles emballées et à double fond	Idem	7	//	
Vinaigre; comme le vin, d'après les distinctions admises pour les ports et bureaux d'exportation.				
——— de bierre, par le département du Nord; *le muid.*	Idem	2	//	
Vitriol	L. 19 therm. an 4.	4	08	
Volaille et Gibier, lorsqu'ils ne sont pas en vie, doivent comme Viandes fraîches, 5 francs le quintal. (*Lett. du 9 octobre* 1807.)				
Z.				
Zinc ou Toutenague	D. 10 avril 1811.	B.		

FIN.